Rechnen macht Spaß
Rechnen macht Spaß

10 000

4. Schuljahr — Zahlenraum bis 10 000

40 Arbeitsblätter A4 als Kopiervorlage
Kommentar und Lösungen

von Beat Goldinger

© 1987 ADVESCO SCHUBI Didactic AG
CH 8207 Schaffhausen
info@schubi.com
www.schubi.com
5. Auflage 2002

Vorwort

Wenn Schülerinnen und Schüler freiwillig noch mehr rechnen wollen, wenn sie ausdauernd nach der Lösung eines Rätsels suchen und dabei gar nicht merken, dass sie rechnen, so ermöglicht dies echten Lernfortschritt.

Rechnen ist ein Hauptfach unserer Schule. Wer höheren Ansprüchen genügen will, kommt ums Üben nicht herum.

Unsere Schulkinder verbringen den größten Teil der Unterrichtszeit damit, gewisse Fertigkeiten einzuschleifen, Stoff zu vertiefen und zu wiederholen. Geschieht dies mit Lust und Freude, ist der Lernerfolg am größten. Gerade dies möchten die vorliegenden Blätter "Rechnen macht Spaß" unterstützen. Sie sind aus dem täglichen Schulunterricht heraus entstanden und von den Schülern begeistert aufgenommen worden.

Die Rechnungen können im Kopf oder schriftlich gelöst werden.

Die Blätter eignen sich sehr gut für den Einsatz in individualisierenden Lernformen wie Tagesplan- und Wochenplanarbeit sowie für den Einsatz im Werkstattunterricht.

Die Mappe soll eine Ergänzung zum Rechenlehrmittel sein, die die Schülerinnen und Schüler motiviert und mit der sie Spaß am Rechnen haben.

Beat Goldinger

INHALT

schreiben — ausmalen/zeichnen/Punkte verbinden — ausschneiden

KOMMENTAR UND LÖSUNGEN

1. Zahlen, Zahlen, Zahlen . . .

Unsere Lösung beginnt mit der Folge, die mit der kleinsten Zahl anfängt.

15	30	45	60	75	90
70	2070	4070	6070	8070	10 070
992	994	996	998	1000	1002
1010	2010	3010	4010	5010	6010
1120	1220	1320	1420	1520	1620
2550	2650	2750	2850	2950	3050
2959	2969	2979	2989	2999	3009
3250	3500	3750	4000	4250	4500
4205	4405	4605	4805	5005	5205
4600	4700	4800	4900	5000	5100
5140	6140	7140	8140	9140	10 140
6030	7030	8030	9030	10030	11 030
7500	8000	8500	9000	9500	10 000
8795	8796	8797	8798	8799	8 800

3. Vorsicht, der Fuchs schleicht umher

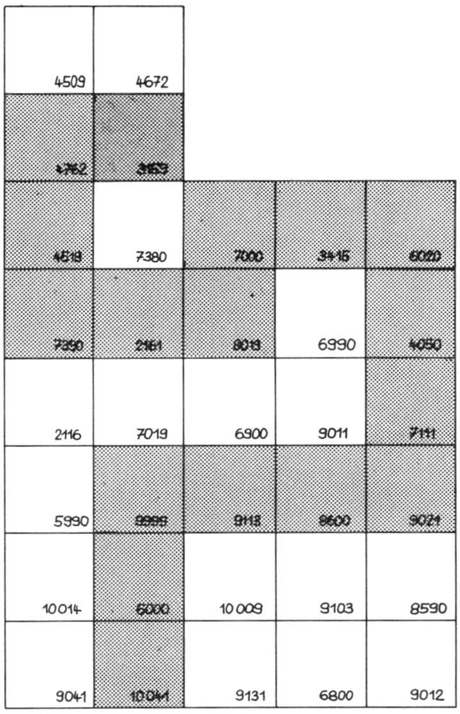

4. Kreuz und quer durch die Mauer

Die richtigen Resultate lauten: 3872, 8159, 2583, 6682, 5814, 11 359, 5058, 7595, 9340, 9090, 7116, 11 135.

5. Hier steht einiges auf dem Kopf

Das Blatt enthält Rechnungen für das horizontale und vertikale Addieren. Alle Lösungen werden in den entsprechenden Farben übermalt. Das Bild zeigt eine auf dem Kopf stehende Spielzeuglokomotive.

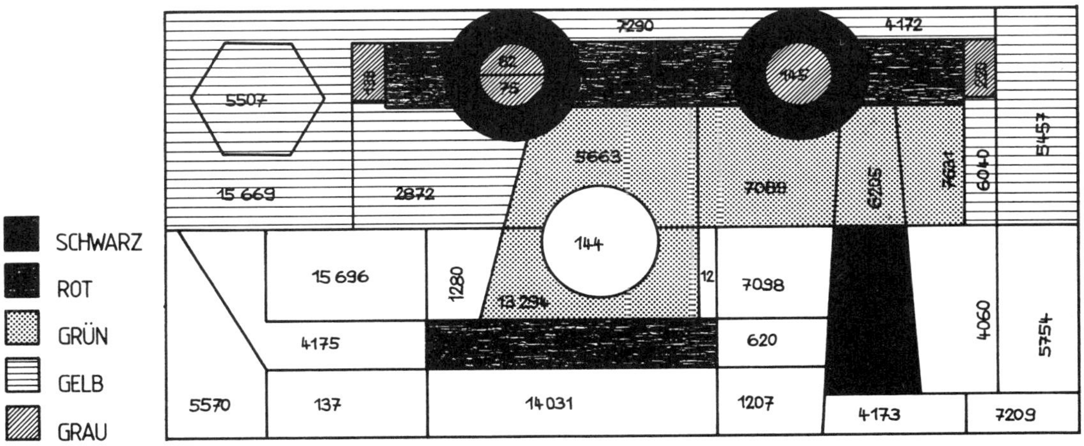

2. Wem gehört das Auge?

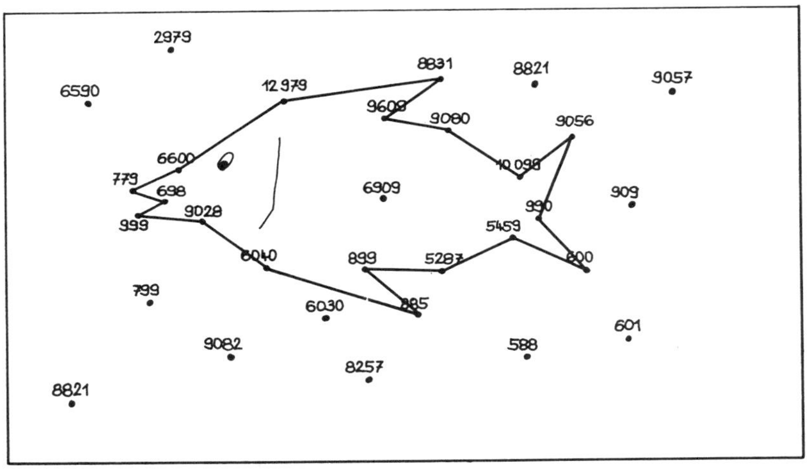

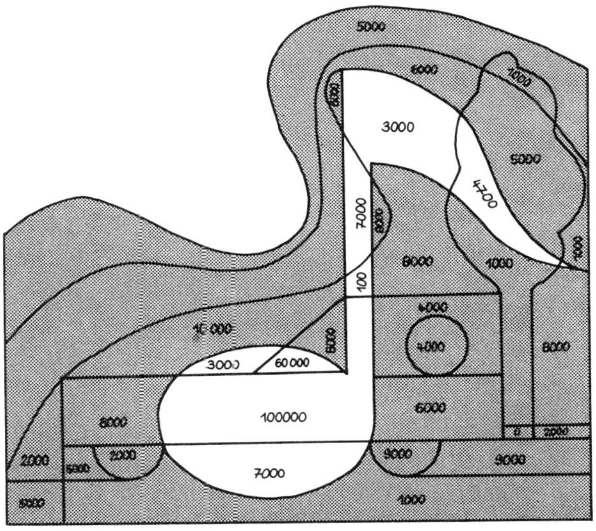

6. Auto, Note oder Baum?

7. Wir bauen

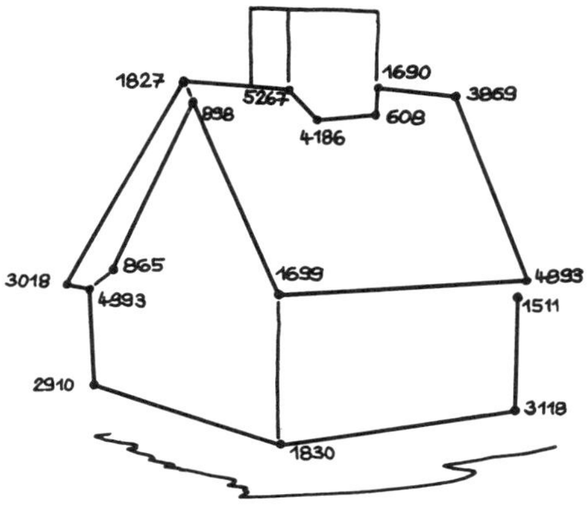

8. Stadtrundgang

Die Buchstaben, der Reihe nach gelesen, ergeben das Wort BRIEFTRAEGER.

9. Buchstabenrätsel

Sämtliche Felder der unteren Hälfte werden ausgeschnitten, die Rechnungen des oberen Teils ausgerechnet. Für jede richtige Lösung findet sich im unteren Teil ein entsprechendes Feld, das auf das Rechnungsfeld gelegt wird. Zum Schluss erhält der Schüler die Bestätigung für das fehlerlose Arbeiten: DU HAST RICHTIG GERECHNET! Jetzt können die Felder noch aufgeklebt werden.

10. Erstaunliche Zahlen

- Höchster Berg Europas (Mont Blanc) **4810 m**
- Dickster Baumstamm der Erde (General Sherman Tree, USA) **11,10 m**
- Weltrekord im Weitsprung (Mike Powell, USA, 1990) **8,91 m**
- Tiefste Stelle des Meeres (Marianengraben) **11 022 m**
- Höchster Alpenpass (Stilfserjoch) **2757 m**
- Anhaltestrecke eines Autos bei 60 km/h **54 m**
- Umfang eines Golfballes **12,6 cm**
- Höchstes Gebäude der Erde (CN-Tower in Toronto) **553 m**
- Höchster Berg der Erde (Mount Everest) **8848 m**
- Durchmesser der Erde **12 742 km**
- Größte Tiefe des Bodensees **252 m**

Die Zahlen stammen aus dem Jahr 1990.

11. Weit gereist

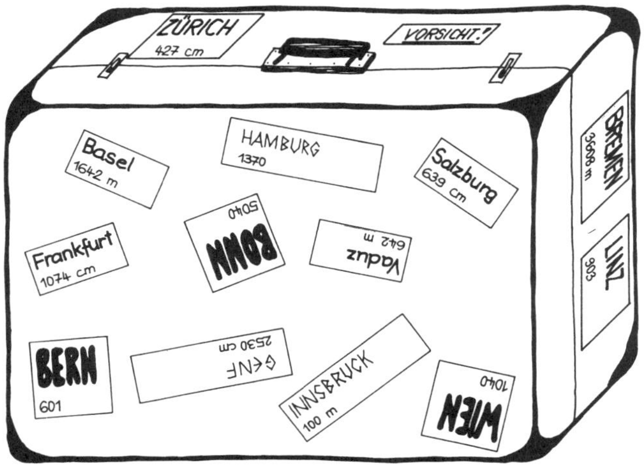

12. Lieber Peter!

Lösungen: Auf- oder abrunden:
1. 200, **2.** 400, **3.** 400, **4.** 900, **5.** 600, **6.** 1000, **7.** 0, **8.** 300, **9.** 1100, **10.** 2300, **11.** 100, **12.** 900, **13.** 4100, **14.** 700.

Rechnen mit gerundeten Zahlen:
1. 100, **2.** 200, **3.** 300, **4.** 400, **5.** 500, **6.** 100, **7.** 1400, **8.** 0, **9.** 600, **10.** 700, **11.** 400, **12.** 1300, **13.** 110, **14.** 2700.

13. Quadratmuster

				2857	68,847	16,998 km				
		4848	899 km	295,84 m	23,06 m	0	829	34,20 m		
		4179	8483	1133	78,095 km	3367	18,90 cm	17,91 cm		
	2061	203	18,80 m	14	17,91 m	4659	68,847 km	160 m	488,46 m	
4695	4669	3282 km	2858	3201	1,060 km	17 cm	20,34 m	2139	656	2197
2719	6,951 m	16 km	819	1093	489,85 m	540	6,51 m	78,950 km	3317	890 km
	6,51 cm	7144	488,85 m	18,90 m	8232 km	12,50 cm	16,998 km	19,80 m	79,60 m	
		68,847	33,9 cm	3021	450	34,9 cm	565	41		
		3,07 cm	288,84 m	2,03 m	30,7 cm	84E4	900 km	5828		

14. Petri Heil!

Lösungen:

3 · 2314 = 6942	5 · 1141 = 5705
2 · 4563 = 9126	7 · 186 = 1302
4 · 2125 = 8500	3 · 3142 = 9426
4 · 1042 = 4168	8 · 514 = 4112
9 · 731 = 6579	7 · 807 = 5649
7 · 192 = 1344	6 · 2117 = 12702

15. Ordnung am Schlüsselbrett

Lösung:
1 – Eingang, 2 – Garage, 3 – Keller, 4 – Großer Schrank, 5 – Schreibtisch, 6 – Mofa, 7 – Briefkasten, 8 – Bastelraum, 9 – Wohnzimmer, 10 – Auto, 11 – Fahrrad. Für die Küche und das Kinderzimmer gibt es keine Schlüssel.

16. Ein besonderes Kreuzworträtsel

52,04 m →	ESSEN
138,4 cm →	WEICH
138,51 m →	RHEIN
515,35 m →	WIEN
35,2 cm →	PNEU
809,12 m →	AUGEN
12,52 m →	ABEND
102,72 m →	KALT
273,2 cm →	BALL
636,7 cm →	GOLD
53,2 cm →	WEISS
37,2 cm →	RECHNEN
238,2 cm →	UHR
147,60 cm →	ELTERN
272,80 m →	PARIS
6631,83 m →	NACHT
67,6 cm →	SCHWARZ
356,80 m →	BUTTER

17. Korrigiere selbst!

Lösung:
VIEL SONNENSCHEIN.

18. Nachricht aus dem All

Lösung:
WIR HABEN KEINE ANTENNEN AUF DEM KOPF!

19. Wo steckt Jim Bull?

Lösung:
IM WALD.

20. Guten Morgen!

21. Frohe Weihnachten!

Lösung:

Buch – Mama, Wecker – Max,
Schokolade – Papa, CDs – Rahel,
Krug – Tante Rosa, Jacke – Rahel,
Ring – Eva, Radio – Mama, Spiel – Max,
Wein – Papa, Hut – Mama, Vase – Oma,
Buch – Eva, Papierkorb – Onkel Karl,
Pralinen – Opa, Bücherstütze – Papa.

22. Wir basteln eine Kette

Wenn alles richtig gelöst wurde, schlie(t das letzte Kettenglied beim ersten an, wobei immer einem wei(en ein schwarzes Glied folgt.

23. Bitte nicht zu warm!

Die Rechnungen werden gelöst, die Lösungen im unteren Teil des Blattes gesucht und die Felder mit den entsprechenden Farben ausgemalt.

SCHWARZ
GRAU
GELB
ROT

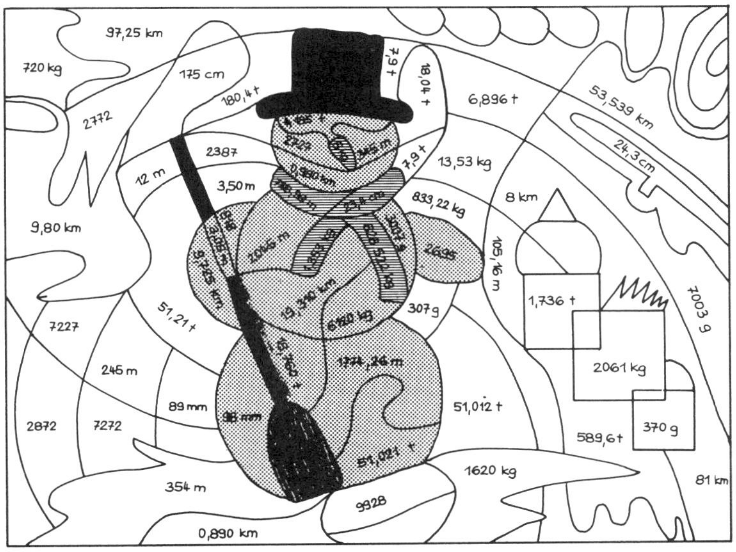

24. Alles fährt Ski...

Lösung:

rot – Kitzbühel, gelb – Zermatt,
blau – Flims.

25. Kennst du die Vögel?

Lösung:

1. Reihe: Drossel, Adler, Sperber, Elster
2. Reihe: Mäusebussard, Fasan, Krähe, Habicht
3. Reihe: Star, Falke, Wildente, Roter Milan
4. Reihe: Fink, Schwalbe, Meise, Möwe

26. Was verbirgt der Kreis?

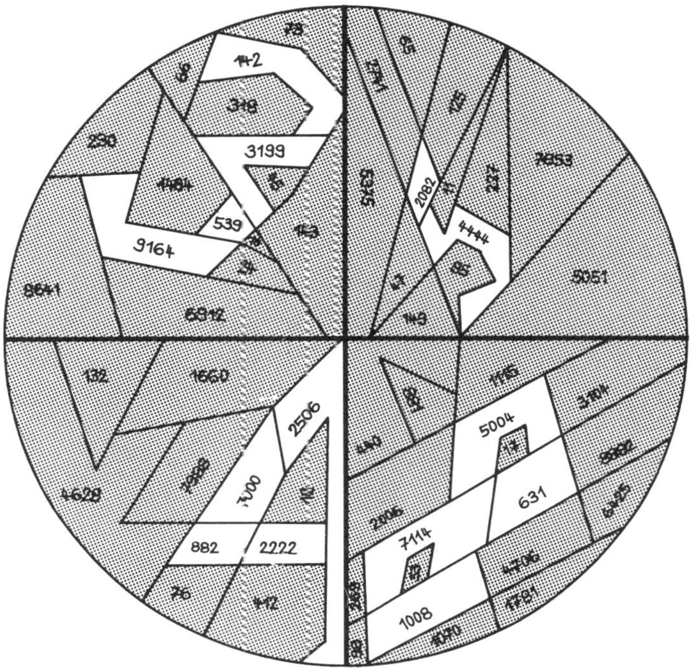

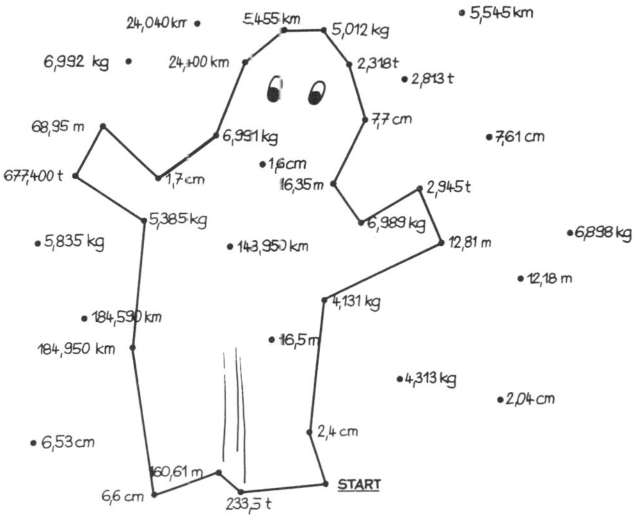

27. Nur keine Angst!

Die Rechnungen werden gelöst und die Lösungspunkte der Reihe nach verbunden. Zum Schluss wird der letzte Punkt (Aufgabe 20) mit dem Startpunkt verbunden.

28. Auf dem Heimweg

Auf diesem Blatt gibt es 22 Teilungsaufgaben. Wo wohnen die drei Kinder? Rolf zum Beispiel wohnt in jenem Haus auf dem die Rechnung steht, die als Resultat 613 ergibt. Die Tafel mit dem Namen und dem Ergebnis wird in derselben Farbe übermalt wie das Haus, das die dazugehörende Rechnung trägt. Die Schüler müssen nur so lange rechnen, bis sie die Wohnhäuser der drei Kinder gefunden haben. PATRIK wohnt in der obersten Häuserzeile, im dritten Haus von links (966 cm : 7 cm). ROLF wohnt im zweitäu(ersten Haus am unteren Bildrand (4 km 291 m : 7 m). MIRJAMS Haus ist am rechten Bildrand, in dem Haus, das etwas verdeckt liegt (2 kg 95 g : 5 g).

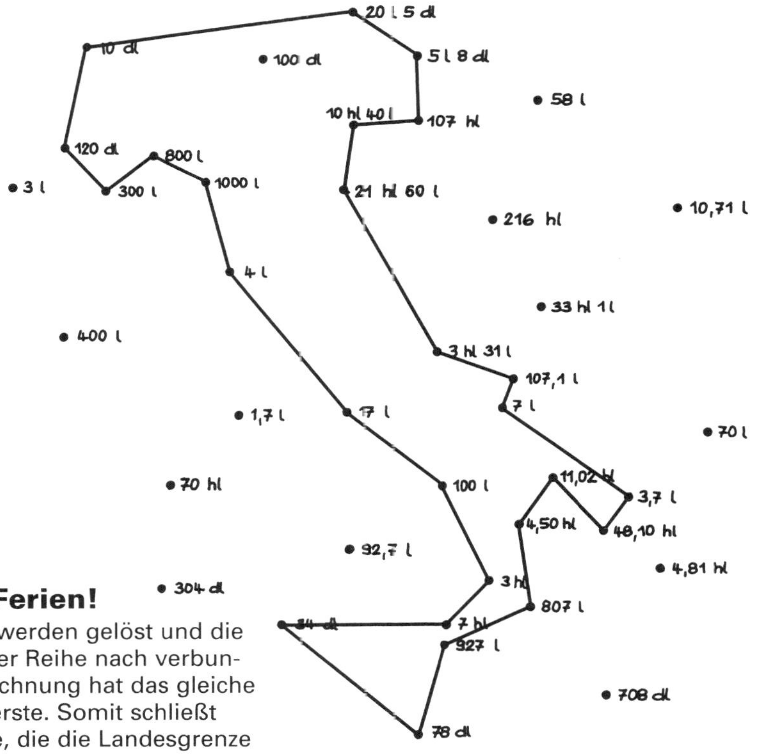

29. Schöne Ferien!

Die Rechnungen werden gelöst und die Lösungspunkte der Reihe nach verbunden. Die letzte Rechnung hat das gleiche Resultat wie die erste. Somit schließt sich dort die Linie, die die Landesgrenze Italiens zeigt.

30. Vorsicht!

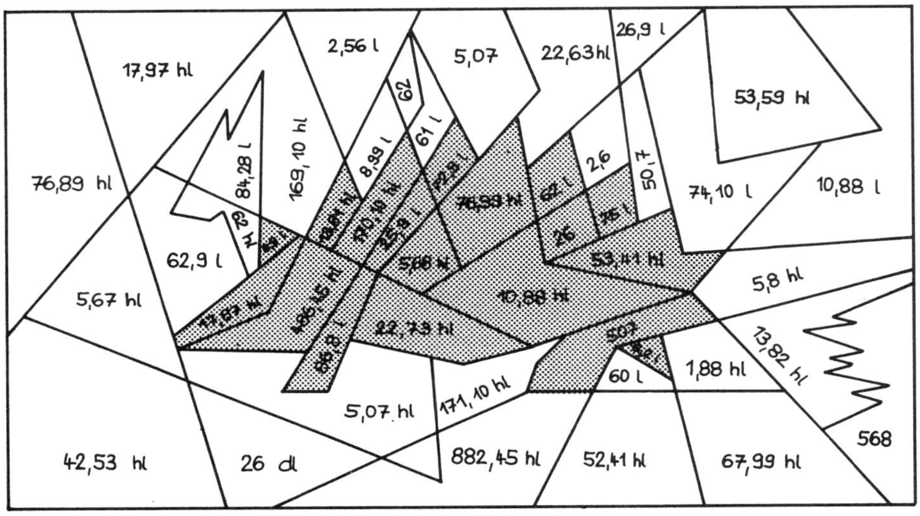

31. Ein magisches Rechteck

Im Feld erscheint die Bestätigung:
DU HAST ALLES RICHTIG GELÖST.
(in verschiedenen Richtungen geschrieben)

32. Höchste Zeit!

Die Rechnungen werden gelöst, die Ergebnisse finden sich in den Feldern des Zifferblattes wieder. In jedes Feld gehört der Buchstabe, der vor der dazugehörenden Rechnung steht. Im Zifferblatt entsteht so das Sprichwort: KOMMT ZEIT, KOMMT RAT.

33. Aus alter Zeit

Die Lösungsfelder in der unteren Hälfte werden ausgeschnitten. Die Aufgaben in der oberen Blatthälfte werden ausgerechnet und mit den Lösungsfeldern belegt. Wenn das Bild stimmt, können die Teile aufgeklebt werden.

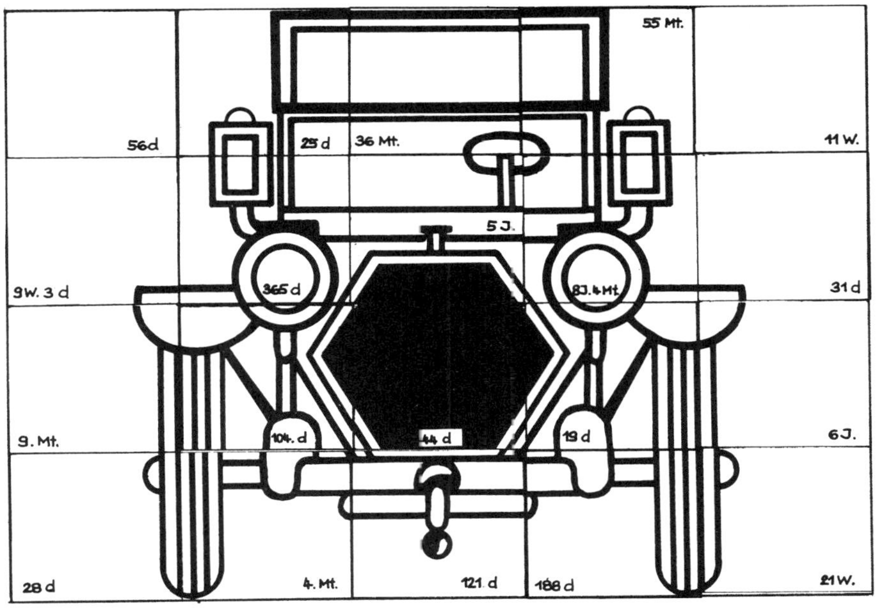

34. Bist du schwindelfrei?

Lösungen:
1. 19. April, 2. 5. November, 3. Der Juni hat nur 30 Tage! 4. 19. Februar, 5. 4. Dezember, 6. 17. Januar, 7. 57 Tage, 8. 132 Tage, 9. 9½ h/9 h 30 min, 10. 15 h 50 min, 11. 168 h, 12. 20.25 Uhr.

35. Große Schlussverlosung

Die Rechnungen auf der Gewinnerliste werden gelöst, die Resultate auf der Ziehungsliste gesucht. Dabei kann festgestellt werden, welcher Preis einem zusteht. Dieser wird auf die Linie neben der Rechnung eingetragen, wie das bei Daniel mit dem Fernseher bereits geschehen ist.

Lösung:
Mirjam – Kreuzfahrt, Roger – Früchtekorb, Sandra – Fotoapparat, Bruno – Videogerät, Manuela – Fernseher, Antonio – 17 Tage Kenia, Nadine – Stereoanlage, Stefan – Fotoapparat, Nicole – Früchtekorb, Martin – Fotoapparat, Katrin – Früchtekorb, Giuseppe – Auto, Petra – Fotoapparat, Marcel – Fernseher, Rita – Früchtekorb, Sandro – Fotoapparat, Rahel – Stereoanlage, Oliver – Früchtekorb, Daniela – Stereoanlage.

36. Wem gehört der Knochen?

Der Hund rechts erreicht den Knochen als Erster.

37. Autorennen

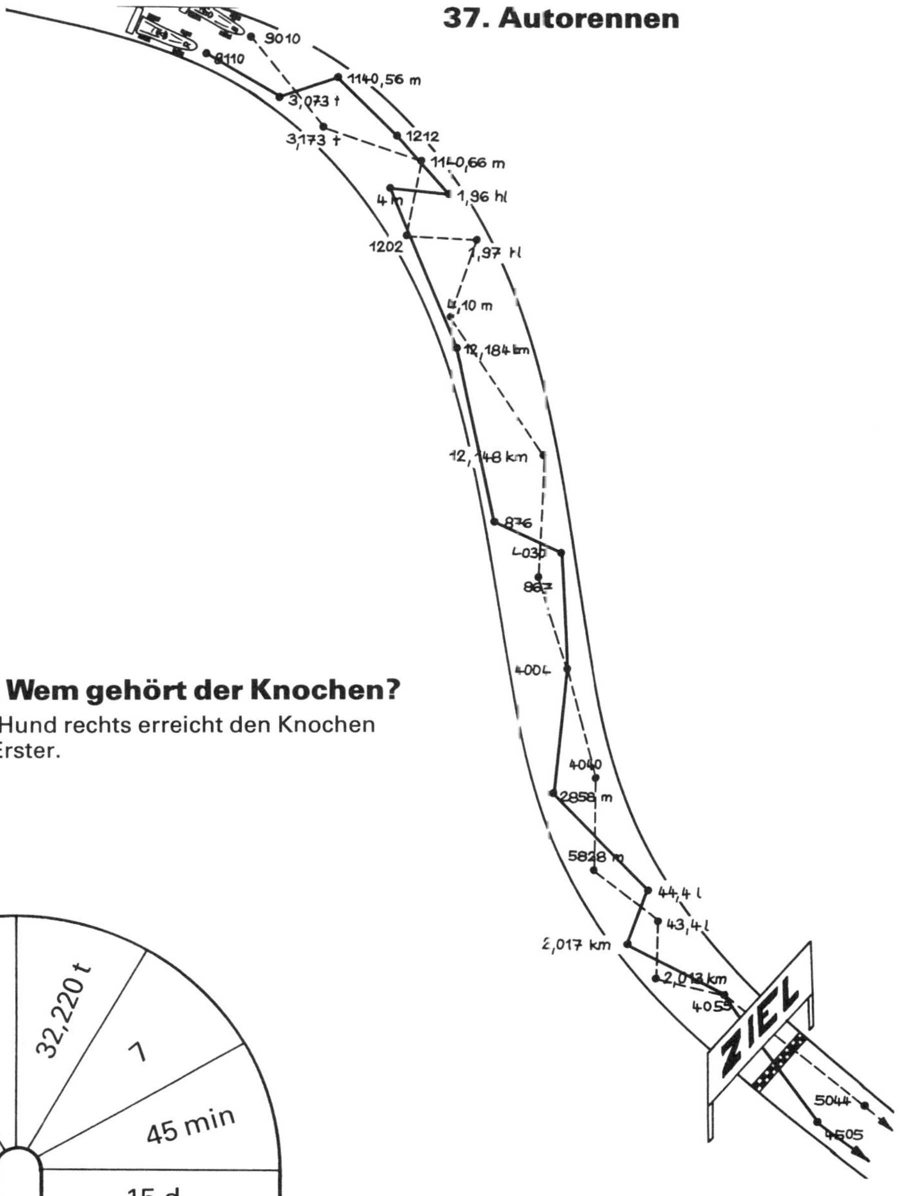

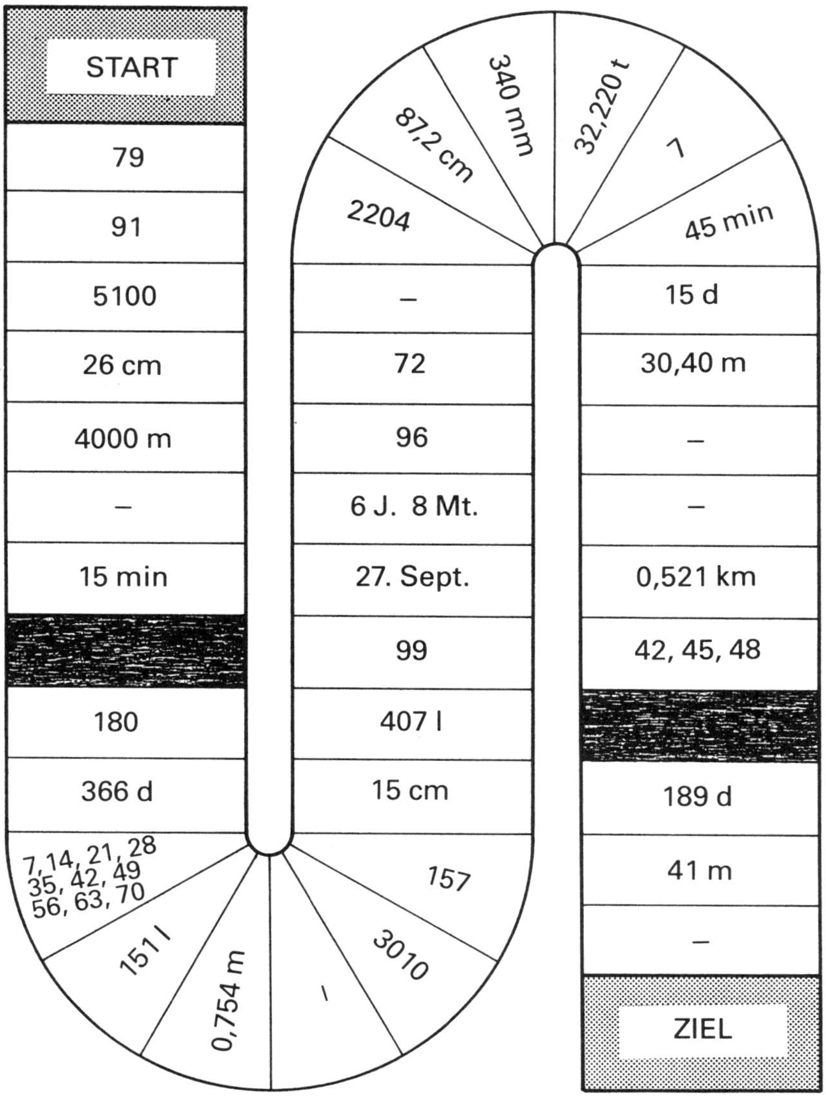

38. Deinen Tototipp, bitte!

Die richtige Tippkolonne lautet (mit Gewähr!): 211 332 123 133 211.

39. Äpfel im Schlafrock

Die richtigen Lösungen lauten (damit lässt sich das Rezept zusammensetzen): 1. 2765, 2. 51,27 hl, 3. 140,71 m, 4. 5280, 5. 186 h, 6. 9,110 km, 7. 9,100 km, 8. 2675, 9. 141,77 m, 10. 168 h, 11. 51,27, 12. 5820, 13. 53,07 hl.

40. Würfelspiel

Benötigt werden Spielfiguren und ein Würfel. Das Spiel eignet sich für 2–4 Spieler. Wer die kleinste Zahl würfelt, beginnt. Erreicht ein Spieler ein Feld mit einer Rechnung, so hat er diese im Kopf zu lösen. Falls das Resultat falsch genannt wird, muss er 2 Felder zurück und dort ebenfalls die gestellte Aufgabe lösen. Die anderen Teilnehmer, die mitrechnen, prüfen jeweils, ob das Resultat stimmt. Das Zielfeld muss genau erreicht werden. Wer also z. B. auf dem zweitletzten Feld (2028 m – 1,987 km) steht, muss eine Zwei würfeln, um das Spiel beenden zu können.
Tipp: Vergrößern Sie den Spielplan auf das Format A3!

ZAHLEN, ZAHLEN, ZAHLEN . . .

Schneide alle Kärtchen aus! Jeweils 5 Kärtchen mit der gleichen Schrift bilden eine Zahlenfolge. Lege sie aneinander, indem du jeweils mit der kleinsten Zahl beginnst! Ans Ende der Folge legst du ein leeres Kärtchen, auf das du die nächste Zahl der Zahlenfolge schreibst. Klebe zum Schluss alle Kärtchen auf ein Blatt Papier!

15	992	1520	5140	4405	3500
7500	4700	2550		70	998
	4205	2999	45	2959	2750
8070		3250		8796	6030
5010	9030	7140	1120	1010	8798
4600	996	2070	4805		4010
1220	30			2979	4900
8030		9500	10030	1000	75
3750	2950	8799	2989	1420	8140
8795	8500	6070	5000	4250	
6140		7030	9140	2969	5005
	60		4070	3010	
4605	4800	8000	2650		9000
2850	1320	8797	994	4000	2010

WEM GEHÖRT DAS AUGE?

2

Wem das Auge gehört, kannst du schnell herausfinden. Löse die Rechenaufgaben und suche im unteren Feld alle Resultate. Verbinde die Resultatpunkte der Reihe nach und schon erkennst du einen ...
Für das Bild benötigst du nicht alle Punkte. Verbinde am Schluss noch den ersten und den letzten Punkt!

1. 561 + 324 = ______
2. 496 + 403 = ______
3. 2147 + 3140 = ______
4. 3044 + 2415 = ______
5. 435 + 165 = ______
6. 203 + 787 = ______
7. 2903 + 6153 = ______
8. 2051 + 8048 = ______
9. 6873 + 2207 = ______
10. 6057 + 3552 = ______
11. 1325 + 7506 = ______
12. 5065 + 7914 = ______
13. 4757 + 1843 = ______
14. 432 + 146 + 201 = ______
15. 303 + 271 + 124 = ______
16. 462 + 304 + 233 = ______
17. 6591 + 2437 = ______
18. 1473 + 4567 = ______

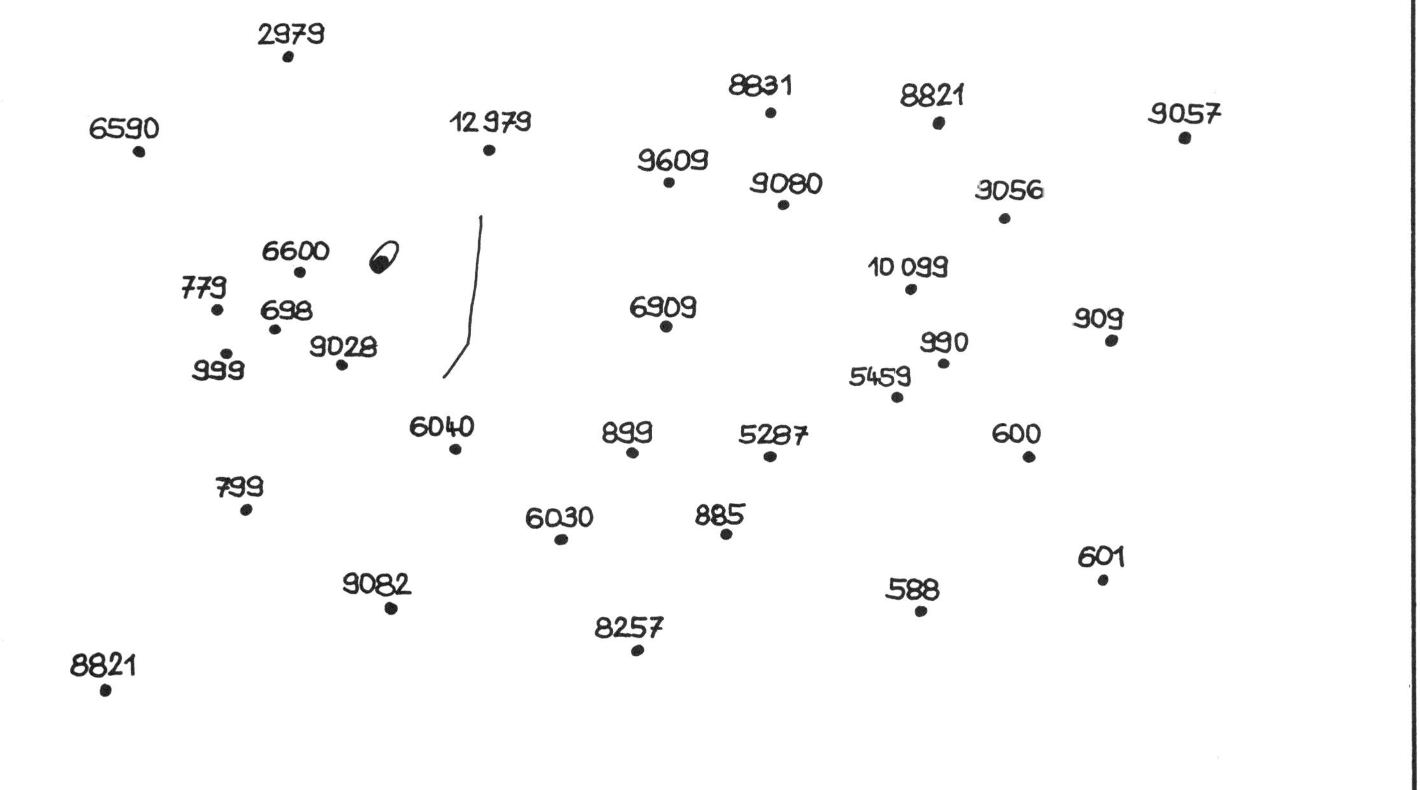

VORSICHT, DER FUCHS SCHLEICHT UMHER!

4509	4672			
4762	3159			
4519	7380	7000	3415	6020
7390	2161	8019	6990	4050
2116	7019	6900	9011	7111
5990	9999	9113	8600	9021
10014	6000	10 009	9103	8590
9041	10 041	9131	6800	9012

Die Lösungen dieser Rechenaufgaben weisen dem Fuchs den Weg zur Beute. Die Felder mit den richtigen Resultaten werden übermalt. Die erste Aufgabe ist bereits gelöst.

1. 1035 + 2124 = 3159
2. 1347 + 3415 = ______
3. 3716 + 803 = ______
4. 5272 + 2118 = ______
5. 745 + 1416 = ______
6. 4068 + 3951 = ______
7. 2733 + 4267 = ______
8. 3007 + 408 = ______
9. 4146 + 1874 = ______
10. 975 + 3075 = ______
11. 2432 + 4679 = ______
12. 8087 + 934 = ______
13. 5112 + 3488 = ______
14. 4936 + 4177 = ______
15. 6190 + 3809 = ______
16. 2874 + 3126 = ______
17. 5468 + 4573 = ______

Zähle jeweils die verlangten Zahlen zusammen und kreuze die richtigen Resultate an!

ALLE ZAHLEN AUS DER OBERSTEN REIHE ERGEBEN:

- ☐ 3872
- ☐ 3827
- ☐ 3782

ALLE ZAHLEN AUS DER UNTERSTEN REIHE ERGEBEN:

- ☐ 7794
- ☐ 8159
- ☐ 8049

ALLE ZAHLEN UNTER 600 ERGEBEN:

- ☐ 2583
- ☐ 2673
- ☐ 2538

ALLE ZAHLEN AUS DER DRITTUNTERSTEN REIHE ERGEBEN:

- ☐ 6862
- ☐ 6671
- ☐ 6682

ALLE ZAHLEN AUS DER MITTLEREN REIHE ERGEBEN:

- ☐ 5841
- ☐ 5814
- ☐ 5481

ALLE ZAHLEN ZWISCHEN 2000 UND 3000 ERGEBEN:

- ☐ 10 358
- ☐ 11 399
- ☐ 11 359

ALLE ZAHLEN, DIE BEI DEN EINERN EINE 7 AUFWEISEN, ERGEBEN:

- ☐ 5058
- ☐ 5085
- ☐ 5508

ALLE ZAHLEN AUS DER ZWEITUNTERSTEN REIHE ERGEBEN:

- ☐ 9575
- ☐ 7955
- ☐ 7595

ALLE ZAHLEN AUS DER DRITTOBERSTEN REIHE ERGEBEN:

- ☐ 9340
- ☐ 9430
- ☐ 9550

ALLE ZAHLEN, DIE ZWISCHEN 1075 UND 2169 LIEGEN, ERGEBEN:

- ☐ 9009
- ☐ 9900
- ☐ 9090

ALLE ZAHLEN AUS DER ZWEITOBERSTEN REIHE ERGEBEN:

- ☐ 7006
- ☐ 7116
- ☐ 7161

ALLE ZAHLEN ÜBER 5000 ERGEBEN:

- ☐ 11 135
- ☐ 11 153
- ☐ 10 935

HIER STEHT EINIGES AUF DEM KOPF

GRAU

97 + 48 = ☐

41 + 34 = ☐

☐ + ☐ = ☐

SCHWARZ

234 + 148 = ☐

387 + 439 = ☐

☐ + ☐ = ☐

GRÜN

3624 + 2581 = ☐

4007 + 3082 = ☐

☐ + ☐ = ☐

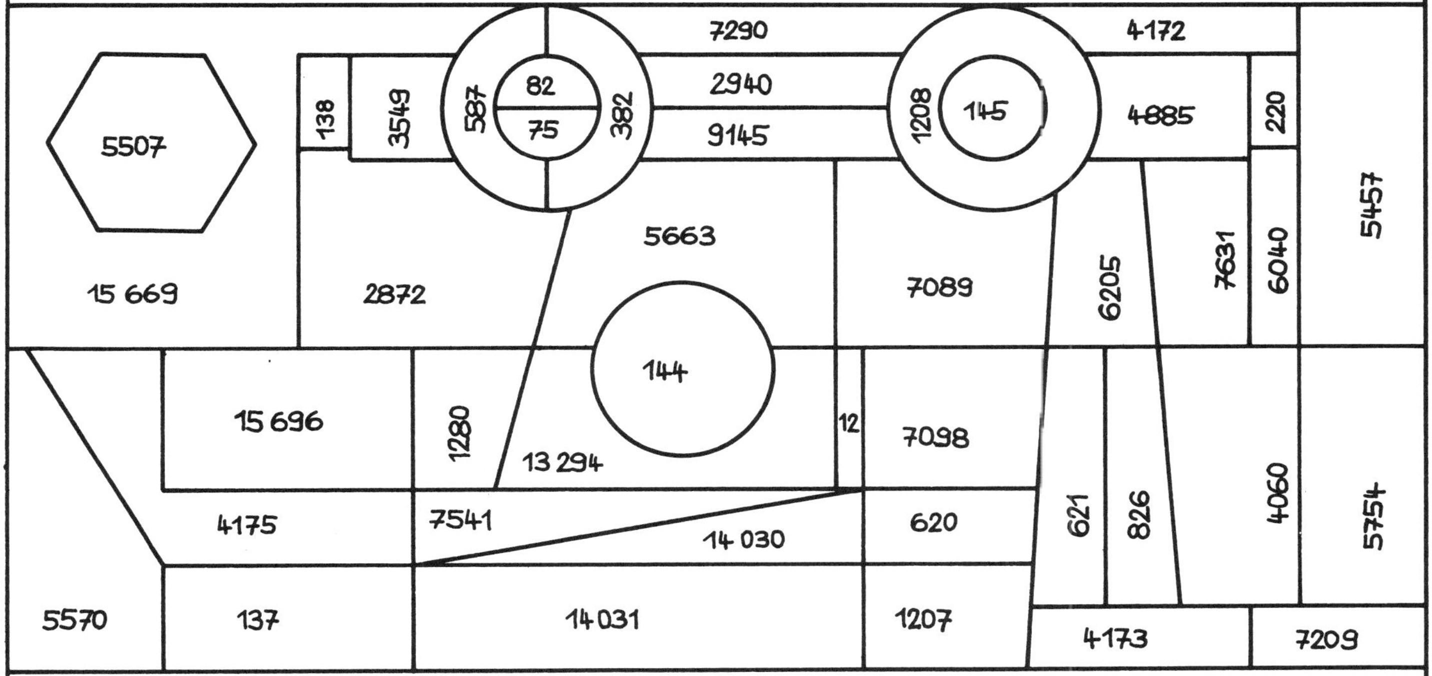

ROT

1437 + 834 + 2674 = ☐

6104 + 2106 + 935 = ☐

☐ + ☐ + ☐ = ☐

GELB

1480 + 3413 + 614 = ☐

2019 + 1790 + 3481 = ☐

673 + 837 + 1362 = ☐

☐ + ☐ + ☐ = ☐

AUTO, NOTE ODER BAUM? | 6

SUCHE ZU JEDER ZAHL DIE AM NÄCHSTEN LIEGENDE TAUSENDERZAHL. ÜBERMALE JEWEILS DAS ENTSPRECHENDE FELD BLAU. ÜBERMALE FÜR JEDE LÖSUNG NUR EIN FELD.

4700	1400	5700	7510
2100	3700	800	9640
7900	4600	6270	8480
8200	5300	9040	1430

RUNDE AUF TAUSENDERZAHLEN AUF ODER AB UND RECHNE MIT DIESEN. DIE RECHNUNGEN SIND JETZT GANZ EINFACH GEWORDEN. DAS FELD MIT DER RICHTIGEN LÖSUNG ÜBERMALST DU BLAU.

1600 + 2700
7100 + 800
1200 + 3400 + 4800
2080 + 1370 + 2670
7200 − 3400
8800 − 7700
9200 − 4600 − 3900
7680 − 2040 − 3640
8340 − 7810 + 1670

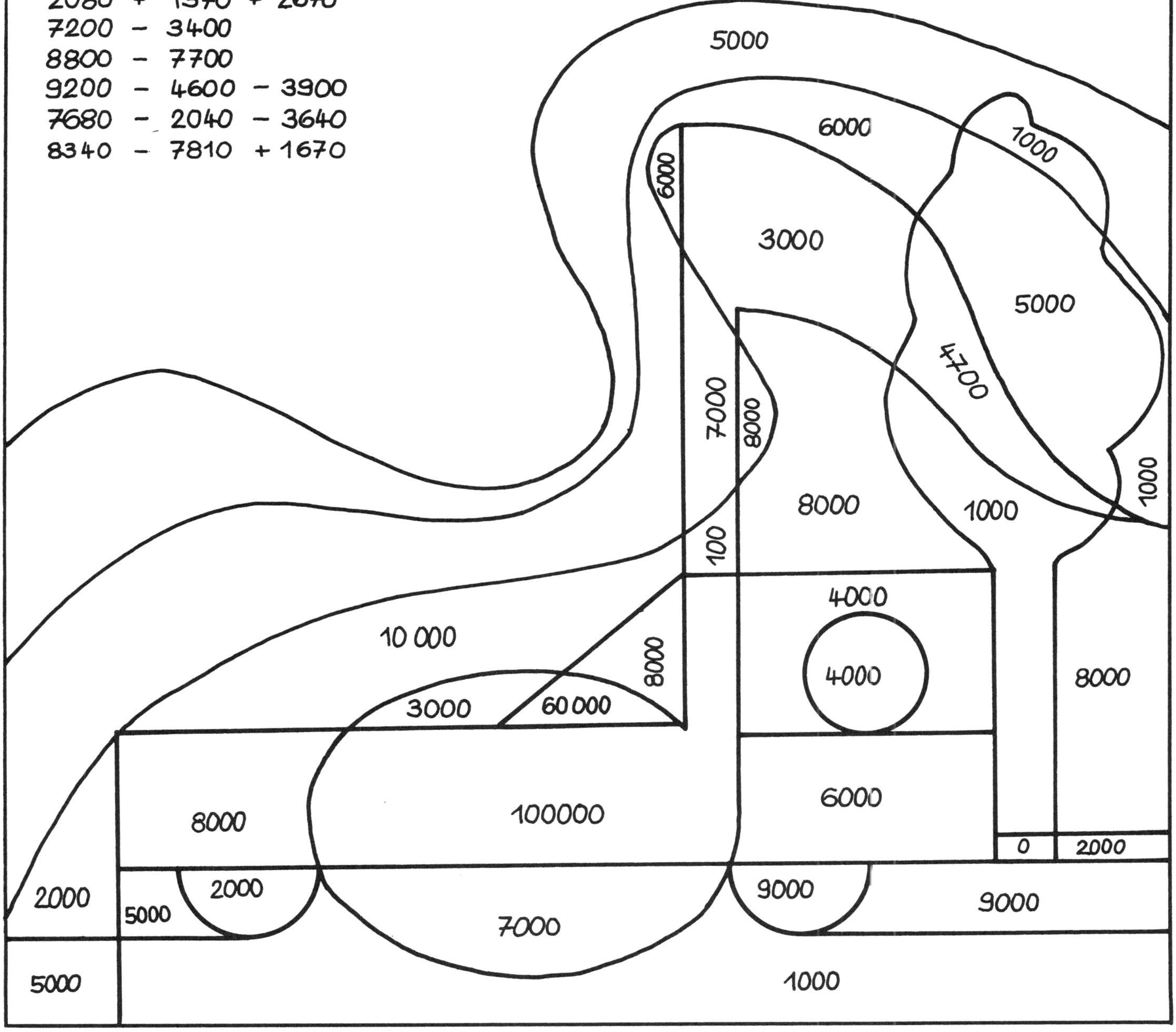

Du löst alle Rechnungen der Reihe nach und verbindest die Lösungszahlen im Bild. Die Aufgabe 1 gibt dir den Startpunkt, Aufgabe 16 den Endpunkt der Zeichnung bekannt.

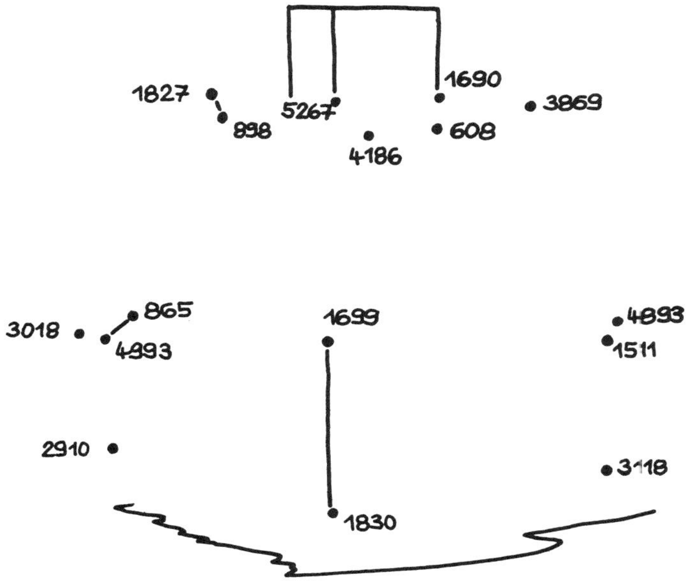

①	②	③	④	⑤	⑥	⑦	⑧
3641	7276	6543	8215	6124	7086	3174	9612
-2130	-4158	-4713	-5305	-1131	-4068	-1347	-4345

⑨	⑩	⑪	⑫	⑬	⑭	⑮	⑯
6370	5412	3406	8351	7046	6237	9032	1762
-2184	-4804	-1716	-4482	-2153	-4538	-8134	- 897

Herr Keller geht häufig durch die Straßen der Stadt. Du kannst ihn heute begleiten. Er beginnt bei Platz B, wo du die Rechnung löst. Das Resultat dieser Aufgabe findest du auf einer Straße, die von diesem Platz wegführt. So gelangst du auf den nächsten Platz. Fahre so weiter. Nach dem Rundgang weißt du, weshalb Herr Keller so oft in den Straßen der Stadt anzutreffen ist.

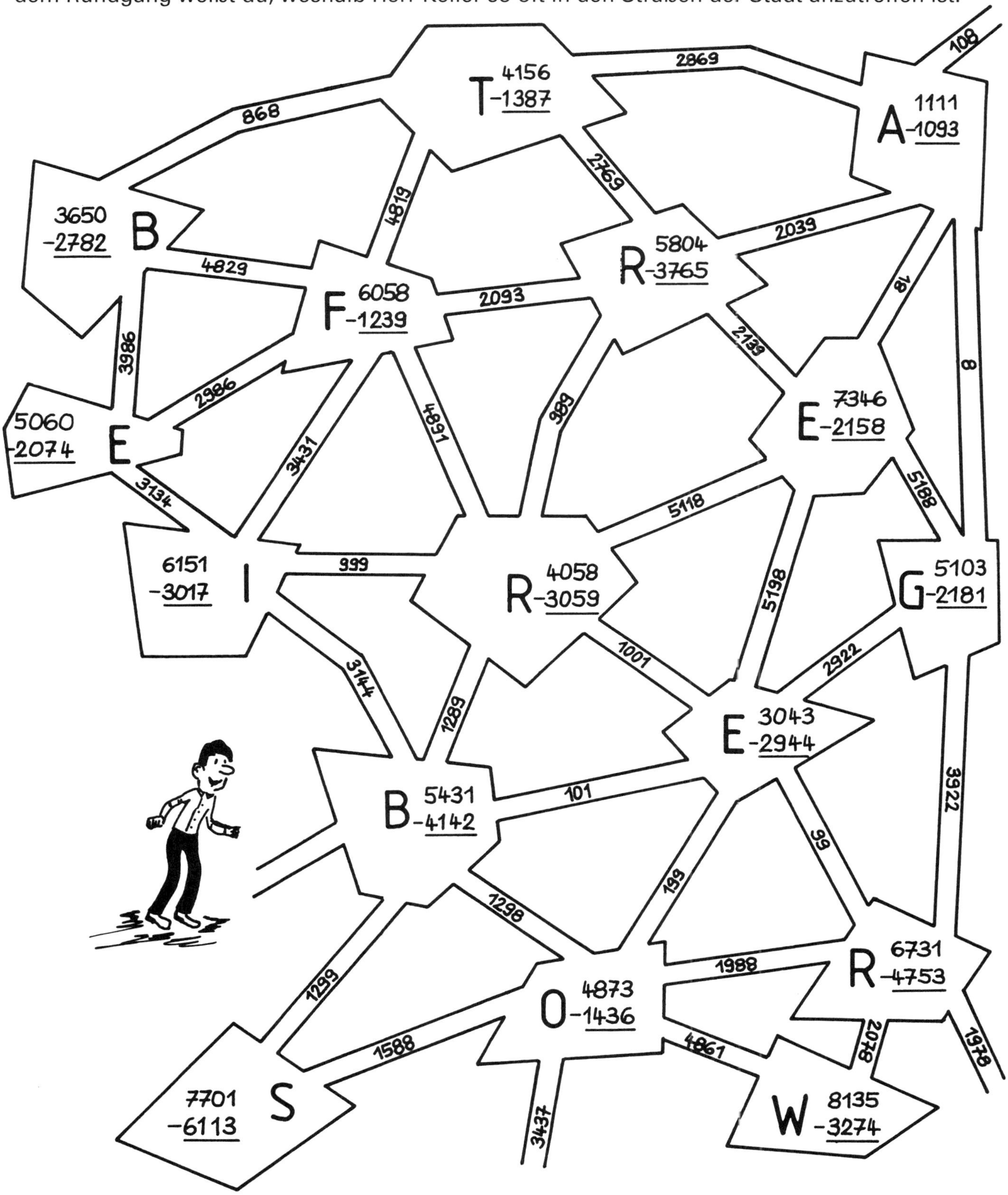

BUCHSTABENRÄTSEL

1 m = ☐ cm	7 cm = ☐ mm	11 km = ☐ m	750 mm = ☐ cm	8 m 7 cm = ☐ cm	100 mm = ☐ cm	1,100 km = ☐ m
7 m 50 cm = ☐ cm	70 cm = ☐ mm	3 km 70 m = ☐ m	870 mm = ☐ cm	9 m 5 cm = ☐ cm	107 cm = ☐ m ☐ cm	2 m 40 cm = ☐ m
114 cm = ☐ m	4 km 20 m = ☐ km	0,370 km = ☐ m	3,08 m = ☐ cm	751 mm = ☐ cm	95 m = ☐ cm	4 m 1 cm = ☐ cm
4200 m = ☐ km	1140 cm = ☐ m	7 m 51 cm = ☐ cm	308 mm = ☐ cm	0,41 m = ☐ cm	10,07 m = ☐ m ☐ cm	110 m = ☐ km

9500 cm H	70 mm U	1 m 7 cm I	700 mm I	0,110 km	1,14 m G	4,020 km E
75,1 cm C	905 cm T	807 cm A	11000 m	2,40 m G	401 cm –	308 cm E
751 cm T	100 cm D	75 cm H	750 cm R	1100 m T	10 m 7 cm	4,200 km N
87 cm H	30,8 cm	10 cm S	3070 m C	11,40 m E	370 m R	41 cm !

ERSTAUNLICHE ZAHLEN

Auf meiner Fahrt um die Welt habe ich viel Erstaunliches gesehen. Einige dieser interessanten Dinge habe ich aufgeschrieben. Wenn ihr die Rechnungen löst und die richtigen Lösungen übermalt, wisst ihr, wie dick Baumstämme werden können, wie tief das Meer ist oder wie lange der Bremsweg eines Autos ist. Da werdet ihr staunen!

Höchster Berg Europas (Mt. Blanc)
2918,45 m + 1891,55 m
4809 m
4809,90 m
4810 m

Dickster Baumstamm der Erde
103,08 m − 91,98 m
10,11 m
11,10 m
12,10 m

Weltrekord im Weitsprung
3,82 m + 5 m 9 cm
8,91 m
9,62 m
9,80 m

Tiefste Stelle des Meeres
3,843 km + 7179 m
10 022 m
10 922 m
11 022 m

Höchster Alpenpass (Stilfserjoch)
8691 m − 5934 m
2657 m
2757 m
2767 m

Anhaltestrecke eines Autos bei 60 km/Std.
1 km 12 m − 958 m
52 m
54 m
64 m

Umfang eines Golfballes
27 mm + 9 cm 9 mm
9,36 cm
11,6 cm
12,6 cm

Höchstes Gebäude der Erde
8462 m − 7909 m
535 m
551 m
553 m

Durchmesser der Erde
9999 km + 2743 km
12 724 km
12 732 km
12 742 km

Höchster Berg der Erde (Mt. Everest)
10,009 km − 1161 m
8 848 m
8 884 m
8 488 m

Größte Tiefe des Bodensees
196,98 m + 55 m 2 cm
242 m
251,100 m
252 m

(Die Zahlen stammen aus dem Jahr 1990.)

Der Besitzer dieses Koffers ist schon weit gereist. Dies bezeugen die Kleber, die auf seinem Koffer ihren Platz finden sollen.
Schneide alle Kleber sorgfältig aus. Löse dann die Rechenaufgaben, die auf dem Koffer stehen. Die richtigen Lösungen findest du auf den ausgeschnittenen Klebern, die du nun am richtigen Platz aufkleben kannst.

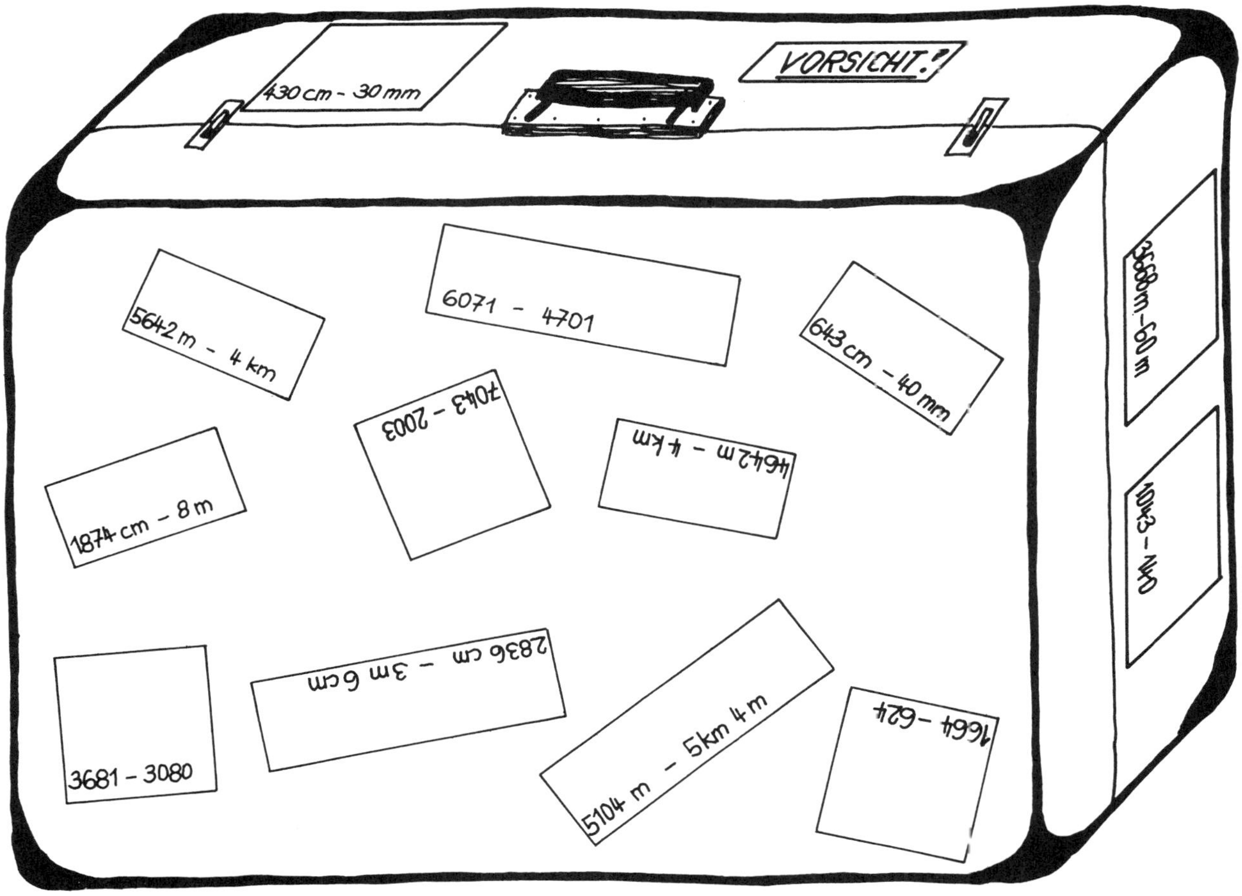

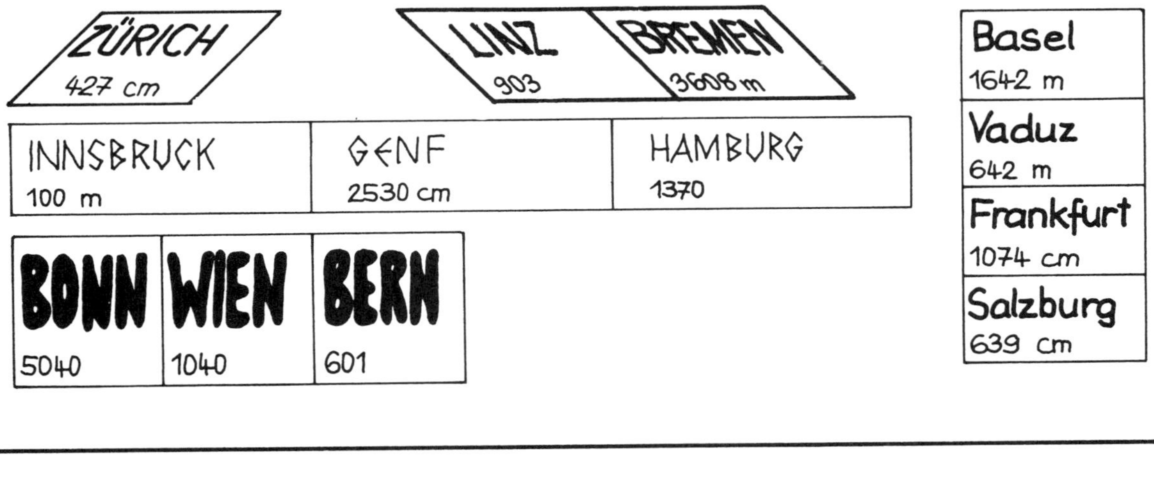

LIEBER PETER!

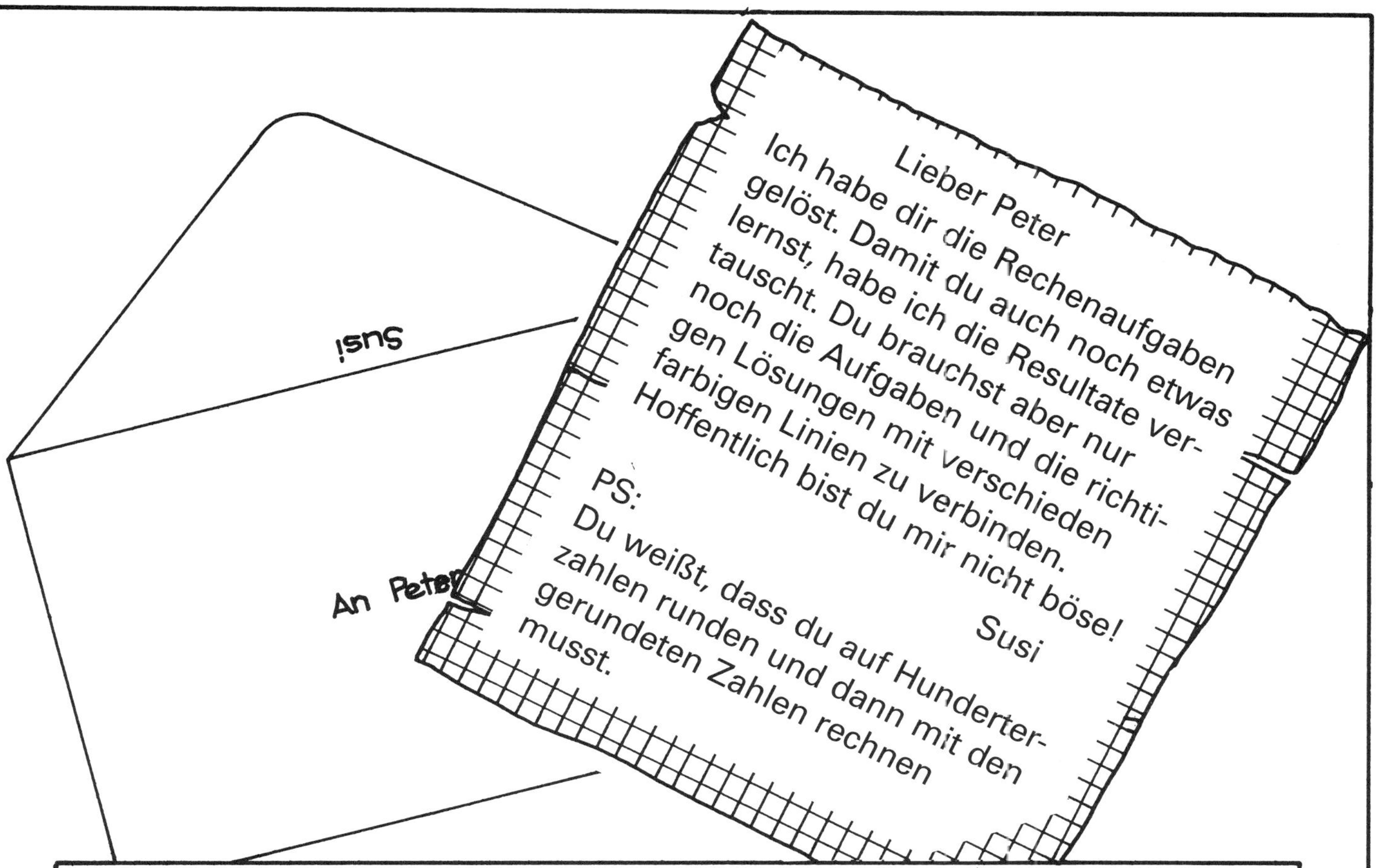

Auf- oder abrunden

1.	170	400
2.	380	200
3.	410	0
4.	890	600
5.	550	1000
6.	951	400
7.	24	900
8.	336	100
9.	1107	700
10.	2349	4100
11.	81	1100
12.	905	900
13.	4116	300
14.	657	2300

Rechnen mit gerundeten Zahlen

1.	340 − 170	400
2.	410 − 240	500
3.	850 − 580	100
4.	953 − 641	300
5.	966 − 512	200
6.	1450 − 1440	0
7.	2005 − 647	2700
8.	912 − 467 − 411	600
9.	1486 − 947 − 46	400
10.	1848 − 651 − 439	100
11.	2137 − 1419 − 291	1100
12.	3001 − 943 − 783	700
13.	1576 − 1444 + 912	1400
14.	1957 + 1139 − 443	1300

QUADRATMUSTER

Löse die Rechenaufgaben! Die Resultate dazu findest du in den Quadraten. Übermale das Feld mit der richtigen Lösung schwarz! Zum Schluss erkennst du etwas, was in Wirklichkeit sehr selten schwarz ist.

				2857	68,847	16,998 km				
		4848	899 km	295,84 m	79,06 m	0	829	34,20 m		
		4179	8483	1193	78,095 km	3307	18,90 cm	17,91 cm		
	2061	203	18,80 m	14	17,91 m	4659	68,847 km	160 m	488,46 m	
4695	4669	3,282 km	2858	3201	1,060 km	17 cm	20,34 m	2179	656	2197
2719	6,951 m	16 km	819	1093	489,85 m	540	6,51 m	78,950 km	3317	890 km
	6,51 cm	7144	488,85 m	18,90 m	8,232 km	12,50 cm	16,988 km	19,80 m	79,60 m	
		68,847	33,9 cm	3021	450	34,9 cm	565	41		
		3,07 cm	259,84 m	2,03 m	30,7 cm	8484	900 km	5828		

356 + 837

1440 − 621

1 km 60 m = □ km

56 cm + 1,47 m

1501 + 847 + 2311

7 m 35 cm − 84 cm

20 km − 3 km 12 m

53,6 cm − 19,7 cm

839 − 426 − 399

1436 + 2307 − 436

2036 − 821 + 964

46 m 11 cm − 27,31 m

7314 − 4113

46 mm + 12 cm 4 mm

7 m 7 cm + 12 m 13 cm + 1,14 m

95,143 km − 17 km 48 m

1717 + 2828 + 3939

145 km − 76,153 km

307 mm = □ cm

2143 + □ = 5001

14 m 17 cm + 374 cm

□ + 114,31 m = 374,15 m

7415 − 4334 − 2516

870 m + 6,413 km − 4 km 1 m

1426,84 m − 937,99 m

197,31 m − 46,94 m − 71,31 m

□ − 823,147 km = 76,853 km

9812 − 6973 − 2389

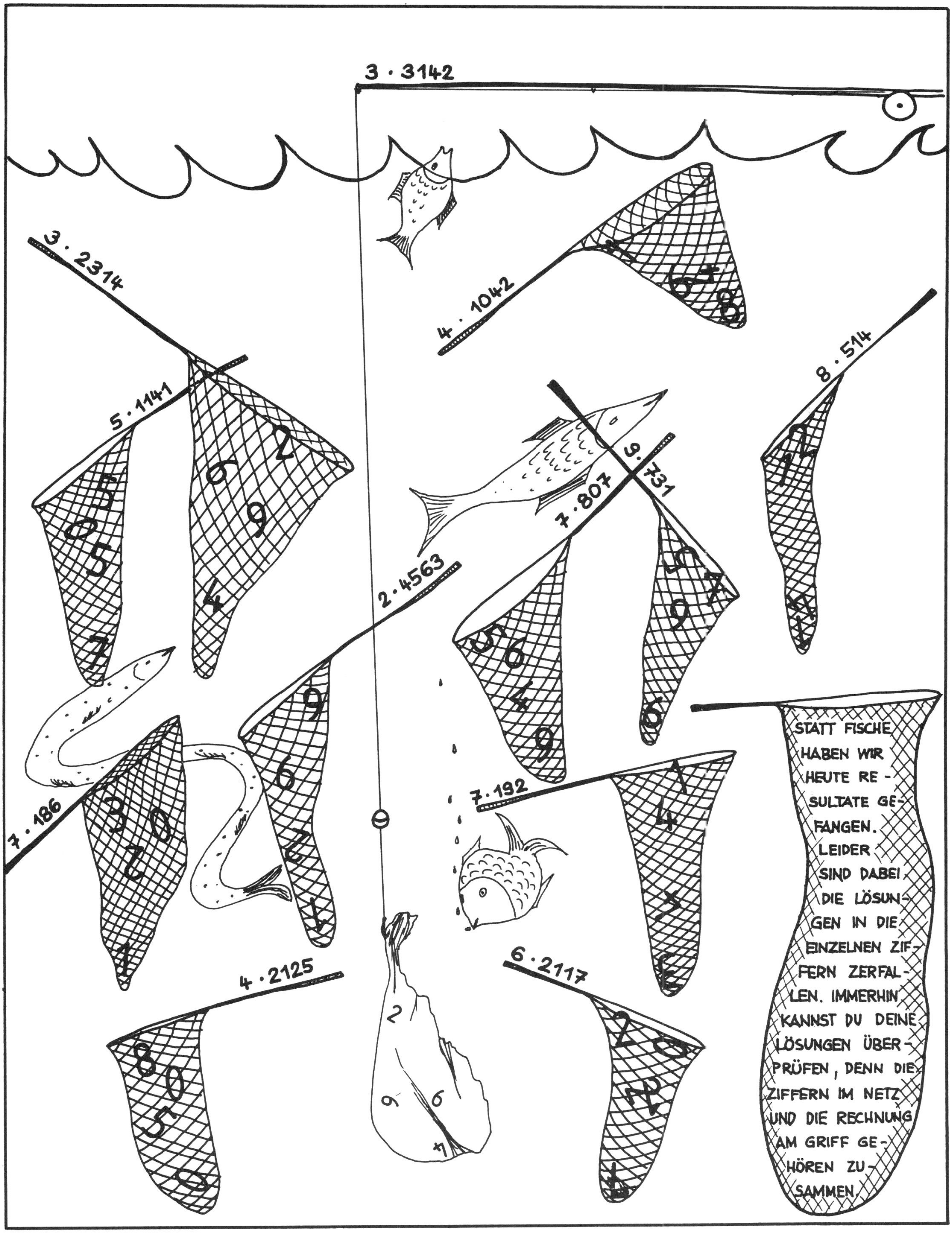

3 · 3142
3 · 2314
4 · 1042
8 · 514
5 · 1141
9 · 731
7 · 807
2 · 4563
7 · 186
7 · 192
4 · 2125
6 · 2117
STATT FISCHE HABEN WIR HEUTE RESULTATE GEFANGEN. LEIDER SIND DABEI DIE LÖSUNGEN IN DIE EINZELNEN ZIFFERN ZERFALLEN. IMMERHIN KANNST DU DEINE LÖSUNGEN ÜBERPRÜFEN, DENN DIE ZIFFERN IM NETZ UND DIE RECHNUNG AM GRIFF GEHÖREN ZUSAMMEN.

ORDNUNG AM SCHLÜSSELBRETT

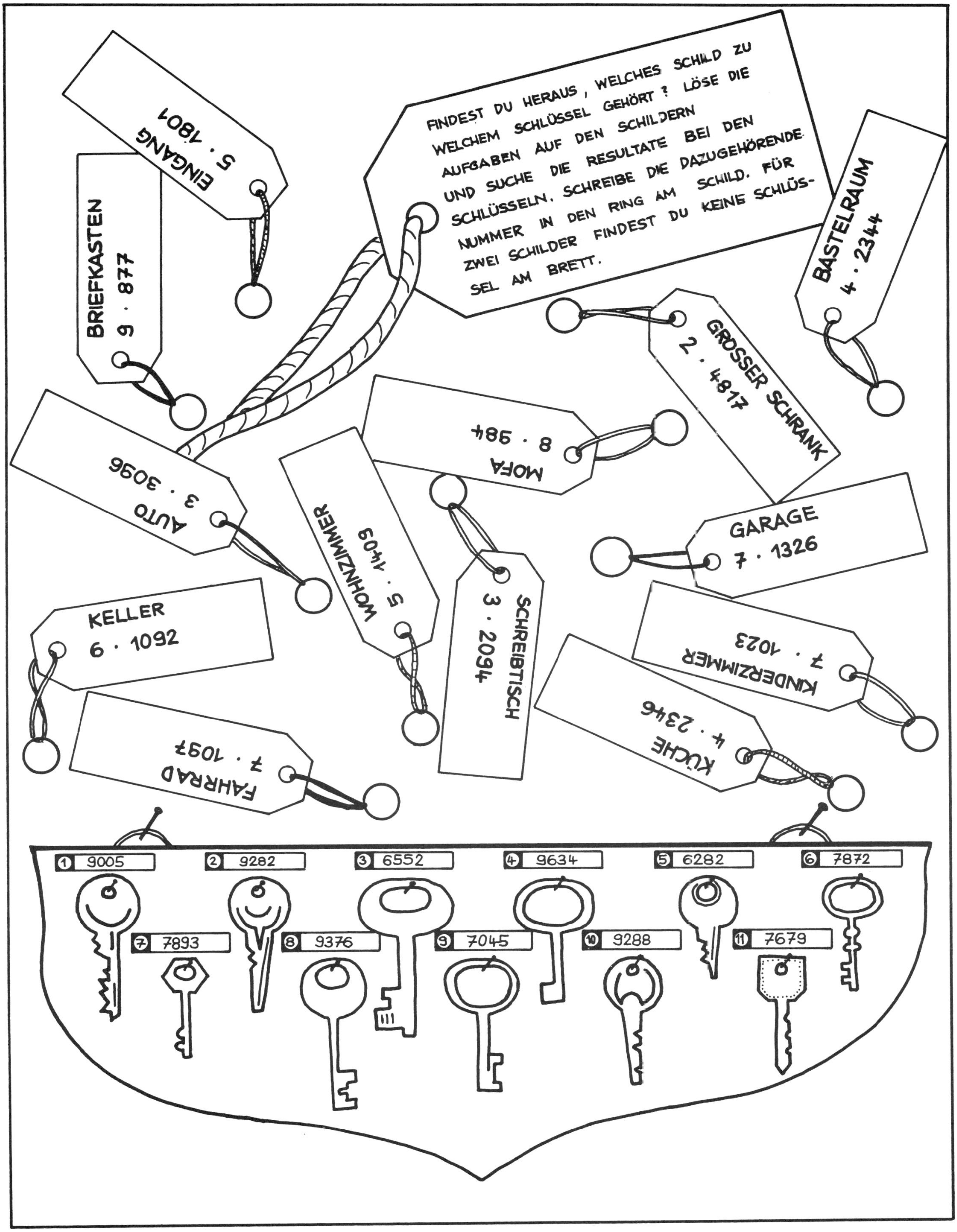

4 · 3,13 m	Dann gehst du zu Bett
7 · 7,6 cm	Die Farbe des Schnees
3 · 56 m 17 cm	So heißt der Fluss zwischen Deutschland und der Schweiz
8 · 34,10 m	Der Eiffelturm steht in ...
5 · 71,36 m	Du streichst sie morgens aufs Brot
2 · 17 cm 6 mm	Ein anderes Wort für Autoreifen
4 · 68,3 cm	Rundes Spielgerät
6 · 10 m 34 cm	Das machst du, wenn du Hunger hast
9 · 16,40 m	Vater und Mutter sind deine ...
2 · 51 m 36 cm	So ist es im Winter draußen
5 · 103 m 7 cm	Hauptstadt von Österreich
3 · 12 cm 4 mm	Schulfach
6 · 39,7 cm	Sie zeigt dir die Zeit an
8 · 101 m 14 cm	Damit siehst du
4 · 16 cm 9 mm	Die dunkelste Farbe
7 · 98,1 cm	Teures Metall
9 · 736,87 m	Dann schlafen die meisten Leute
4 · 34 cm 6 mm	Gegenteil von hart

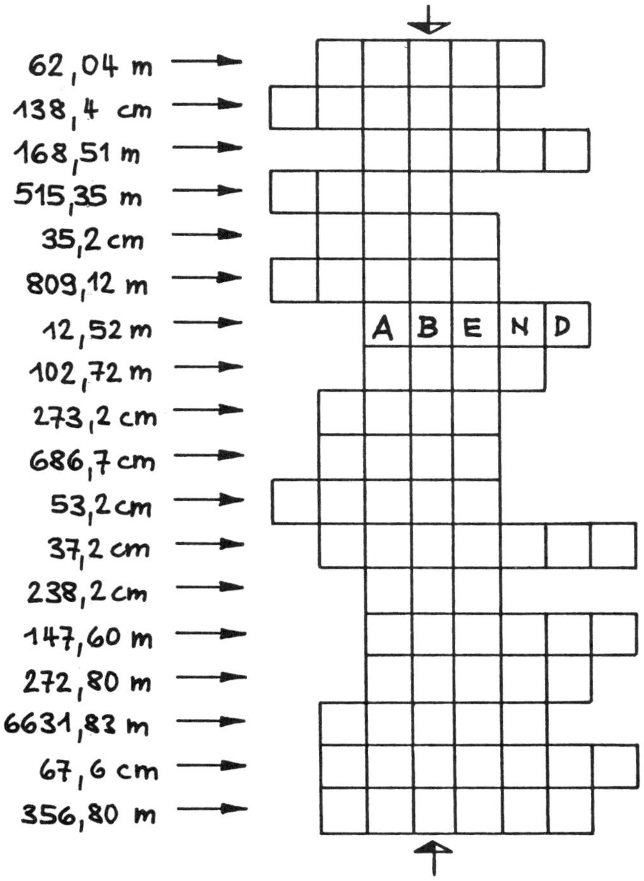

Geh so vor:

1. Löse eine Rechnung.
2. Suche die Linie beim Kreuzworträtsel, wo du die Lösung zu deiner Rechenaufgabe findest.
3. In diese Linie gehört ein Wort. Um dieses Wort zu erraten, brauchst du nur die Frage bei der Aufgabe zu beantworten.

   Beachte das Beispiel!

   Fahre so weiter!

Zwischen den senkrechten Pfeilen steht, was viele Kinder im Winter gerne machen.

KORRIGIERE SELBST!

Schneide alle "RICHTIG" UND "FALSCH"-Kärtchen aus! Löse die erste Rechenaufgabe und vergleiche deine Lösung mit dem Resultat, das bei der Aufgabe steht! Wenn das Resultat richtig ist, klebst du das "RICHTIG"-Kärtchen der ersten Aufgabe ins leere Feld. Ist das Resultat hingegen falsch, klebst du das "FALSCH"-Kärtchen ins leere Feld. Wenn du alle Rechenaufgaben gelöst hast, erfährst du, was sich alle Leute wünschen, wenn sie Ferien haben. Du brauchst nur die Buchstaben von oben nach unten zu lesen.

1.	3 · 3 km 185 m = 9,555 km	(1)	(1) RICHTIG V	(1) FALSCH P
2.	4 · 2 km 120 m = 8,480 km	(2)	(2) RICHTIG I	(2) FALSCH R
3.	2 · 9 km 845 m = 19,960 km	(3)	(3) RICHTIG O	(3) FALSCH E
4.	7 · 3 km 70 m = 21,490 km	(4)	(4) RICHTIG L	(4) FALSCH A
5.	5 · 12 km 160 m = 60,800 km	(5)	(5) RICHTIG S	(5) FALSCH G
6.	4 · 8 km 4 m = 32,160 km	(6)	(6) RICHTIG I	(6) FALSCH O
7.	8 · 12 km 155 m = 97,240 km	(7)	(7) RICHTIG N	(7) FALSCH S
8.	7 · 26 km 870 m = 188,090 km	(8)	(8) RICHTIG N	(8) FALSCH T
9.	9 · 8 km 12 m = 72,108 km	(9)	(9) RICHTIG E	(9) FALSCH I
10.	3 · 56 km 26 m = 186,078 km	(10)	(10) RICHTIG S	(10) FALSCH N
11.	6 · 7 km 475 m = 43,850 km	(11)	(11) RICHTIG G	(11) FALSCH S
12.	4 · 16 km 160 m = 64,640 km	(12)	(12) RICHTIG C	(12) FALSCH H
13.	2 · 37 km 85 m = 74,170 km	(13)	(13) RICHTIG H	(13) FALSCH I
14.	9 · 15 km 189 m = 136,107 km	(14)	(14) RICHTIG A	(14) FALSCH E
15.	5 · 75 km 640 m = 378,200 km	(15)	(15) RICHTIG I	(15) FALSCH R
16.	3 · 8 km 334 m = 24,992 km	(16)	(16) RICHTIG T	(16) FALSCH N

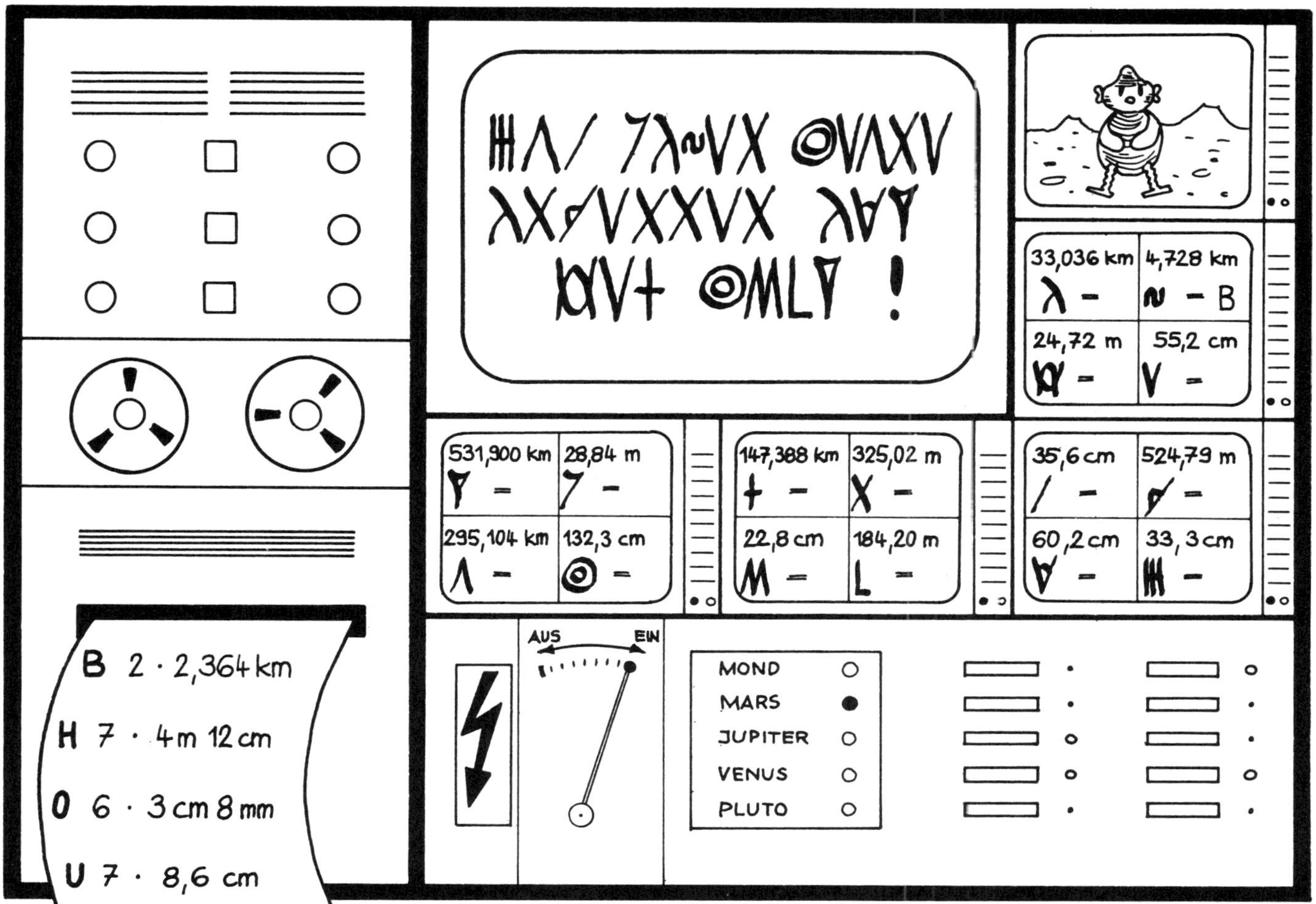

B 2 · 2,364 km

H 7 · 4 m 12 cm

O 6 · 3 cm 8 mm

U 7 · 8,6 cm

W 9 · 3 cm 7 mm

I 8 · 36,888 km

D 6 · 4 m 12 cm

F 5 · 106 km 380 m

K 9 · 14 cm 7 mm

P 5 · 36,84 m

T 3 · 174,93 m

R 2 · 17,8 cm

M 4 · 36,847 km

N 3 · 108 m 34 cm

A 3 · 11 km 12 m

E 4 · 13,8 cm

Auf dem Bildschirm des Raumfahrtzentrums erscheint plötzlich eine geheimnisvolle Nachricht vom Mars. Der Großcomputer beginnt sofort zu arbeiten und spuckt bereits den ersten Papierstreifen aus, auf dem Rechenaufgaben erscheinen. Zur gleichen Zeit werden auf den vier kleinen Bildschirmen die Resultate und die einzelnen geheimnisvollen Schriftzeichen eingeblendet. Die Rechenaufgabe B ist schon gelöst. Jetzt kannst du weiterrechnen. Welche Nachricht senden die Marsmenschen?

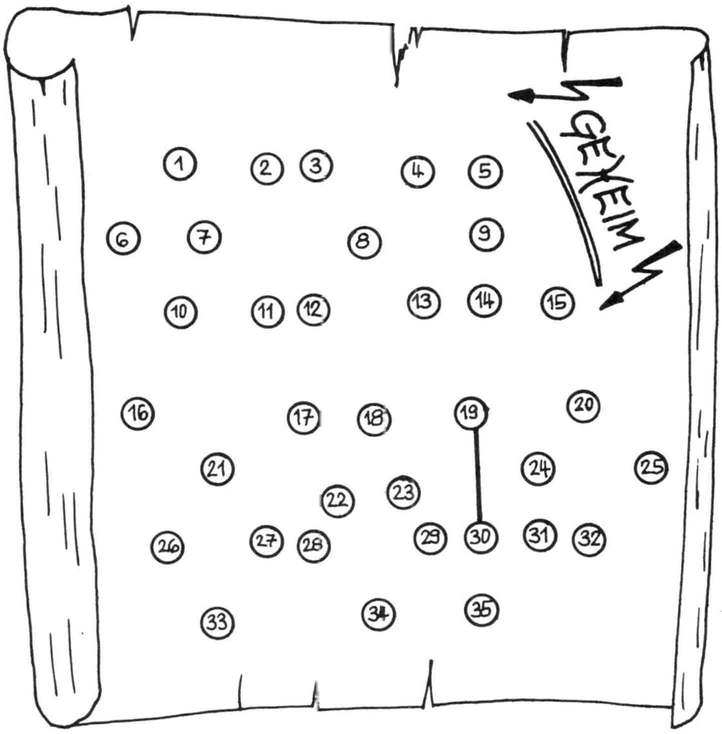

Du kannst herausfinden, wo Jim Bull steckt, wenn du die Rechenaufgaben der Reihe nach löst und die Ergebnisse mit den Resultaten in der Tabelle vergleichst. Die beiden Zahlen hinter den Resultaten verraten dir, welche Punkte du oben verbinden musst. Die erste Aufgabe ist bereits gelöst. Bald weißt du, wo sich Jim Bull versteckt hält.

1.	1 Stück kostet	–,70	5 Stück?
2.	1 Stück kostet	1,10	7 Stück?
3.	1 Stück kostet	2,40	6 Stück?
4.	1 Stück kostet	7,60	4 Stück?
5.	1 Stück kostet	18,30	8 Stück?
6.	1 Stück kostet	41,40	6 Stück?
7.	8 Stück kosten	48,–	1 Stück?
8.	6 Stück kosten	2,40	1 Stück?
9.	5 Stück kosten	3,–	1 Stück?
10.	9 Stück kosten	7,20	1 Stück?
11.	10 Stück kosten	9,–	1 Stück?
12.	7 Stück kosten	9,10	1 Stück?
13.	1 Stück kostet	–,60	5 Stück?
14.	6 Stück kosten	4,20	1 Stück?
15.	7 Stück kosten	14,70	1 Stück?
16.	1 Stück kostet	2,80	4 Stück?
17.	1 Stück kostet	1,50	10 Stück?
18.	8 Stück kosten	20,–	1 Stück?
19.	1 Stück kostet	17,30	7 Stück?

7,70	(2 – 11)
248,40	(20 – 32)
3,20	(18 – 20)
–,60	(18 – 22)
11,20	(23 – 29)
–,70	(21 – 27)
3,50	(19 – 30)
146,40	(21 – 26)
2,10	(18 – 23)
–,40	(17 – 27)
164,40	(3 – 13)
14,40	(25 – 32)
–,90	(4 – 8)
3,–	(22 – 23)
2,50	(16 – 26)
–,80	(3 – 12)
2,60	(21 – 22)
6,–	(22 – 28)
30,40	(4 – 13)
121,10	(20 – 25)
15,–	(30 – 31)
1,30	(3 – 8)

GUTEN MORGEN!

Nicht alle Rechenaufgaben im unteren Feld sind richtig gelöst. Übermale die falschen Aussagen schwarz! Rechne aber nicht zu viel, sondern runde jeweils auf die nächstkleinere oder -größere Zehner-, Hunderter- oder Tausenderzahl und rechne damit. So findest du ein Bild, das den Titel erklärt.

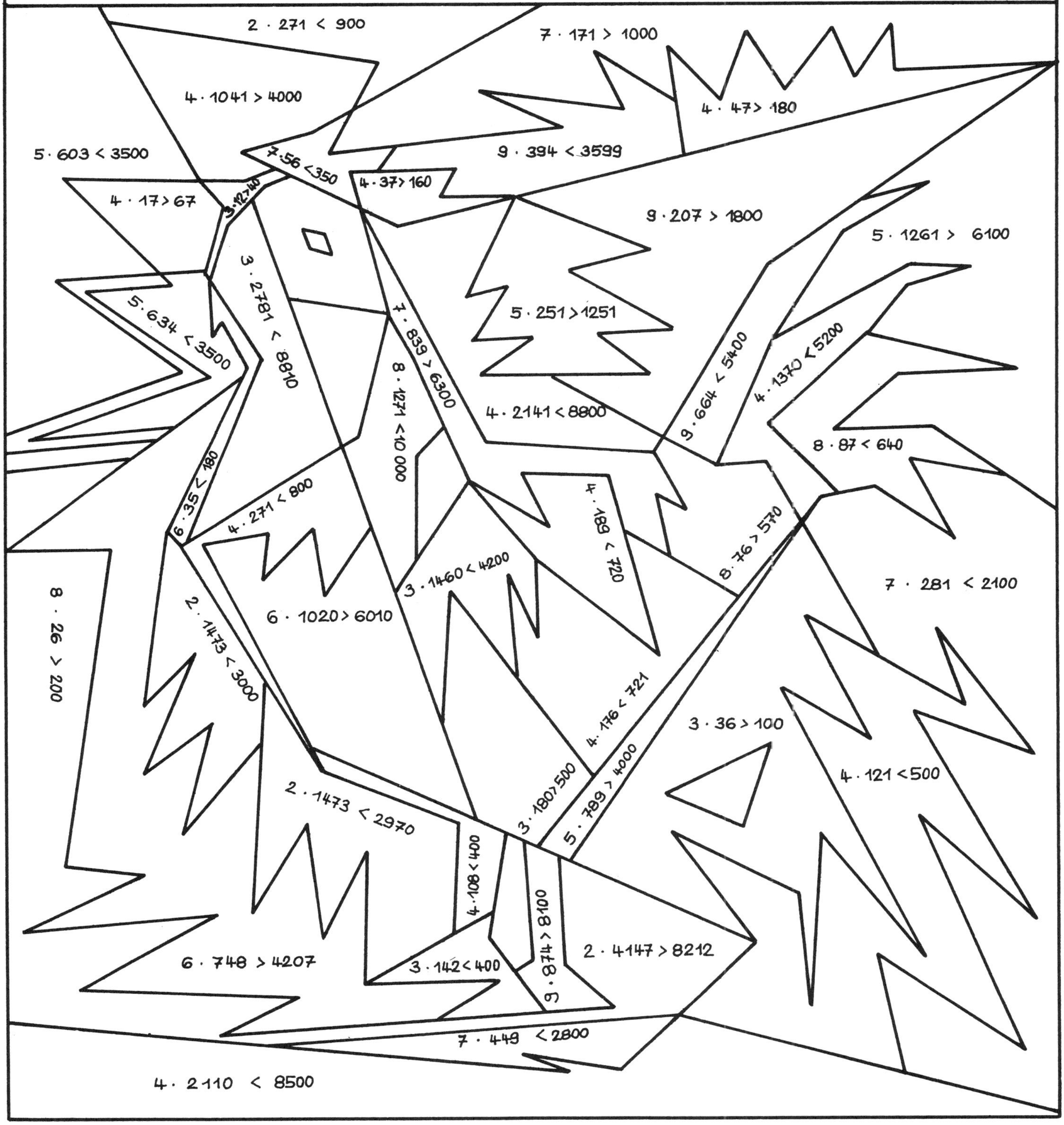

Wem gehören die verschiedenen Geschenke und was enthalten sie? Es ist gar nicht so schwierig, das herauszufinden. Verwandle die Gewichte bei den Kärtchen und suche das entsprechende Gewicht auf den Geschenken! Übermale das Kärtchen und das dazugehörende Paket mit der gleichen Farbe! Schon ist das Geheimnis gelüftet ...

BUCH	7 kg 870 g	SPIEL	4620 g = ☐ kg
WECKER	1 t 11 kg	WEIN	810 g = ☐ kg
SCHOKOLADE	4 t 900 kg	HUT	9062 kg = ☐ t
CDs	8 kg 10 g	VASE	10080 kg = ☐ t
KRUG	446 g	BUCH	4,368 kg = ☐ g
JACKE	9 t 620 kg	PAPIERKORB	0,140 kg = ☐ g
RING	1 t 71 kg	PRALINEN	8,074 t = ☐ kg
RADIO	7 kg 60 g	BÜCHERSTÜTZE	0,060 t = ☐ kg

Du kannst dir eine Rechenkette basteln.
Schneide die 20 Kettenglieder aus. Achte darauf, dass du die Klebestellen nicht abschneidest. Nimm irgend ein Kettenglied und löse die Rechenaufgabe, die am rechten Rand steht! Das Resultat findest du auf einem anderen Glied am linken Rand neben der Klebestelle. Diese beiden Teile klebst du nun so zusammen, dass die Aufgabe und das Ergebnis beieinander liegen.

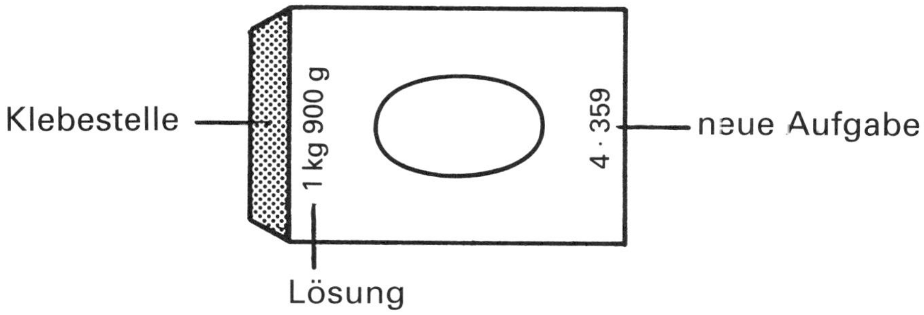

Wenn du alles richtig gelöst hast, kannst du am Schluss die Kette schließen.

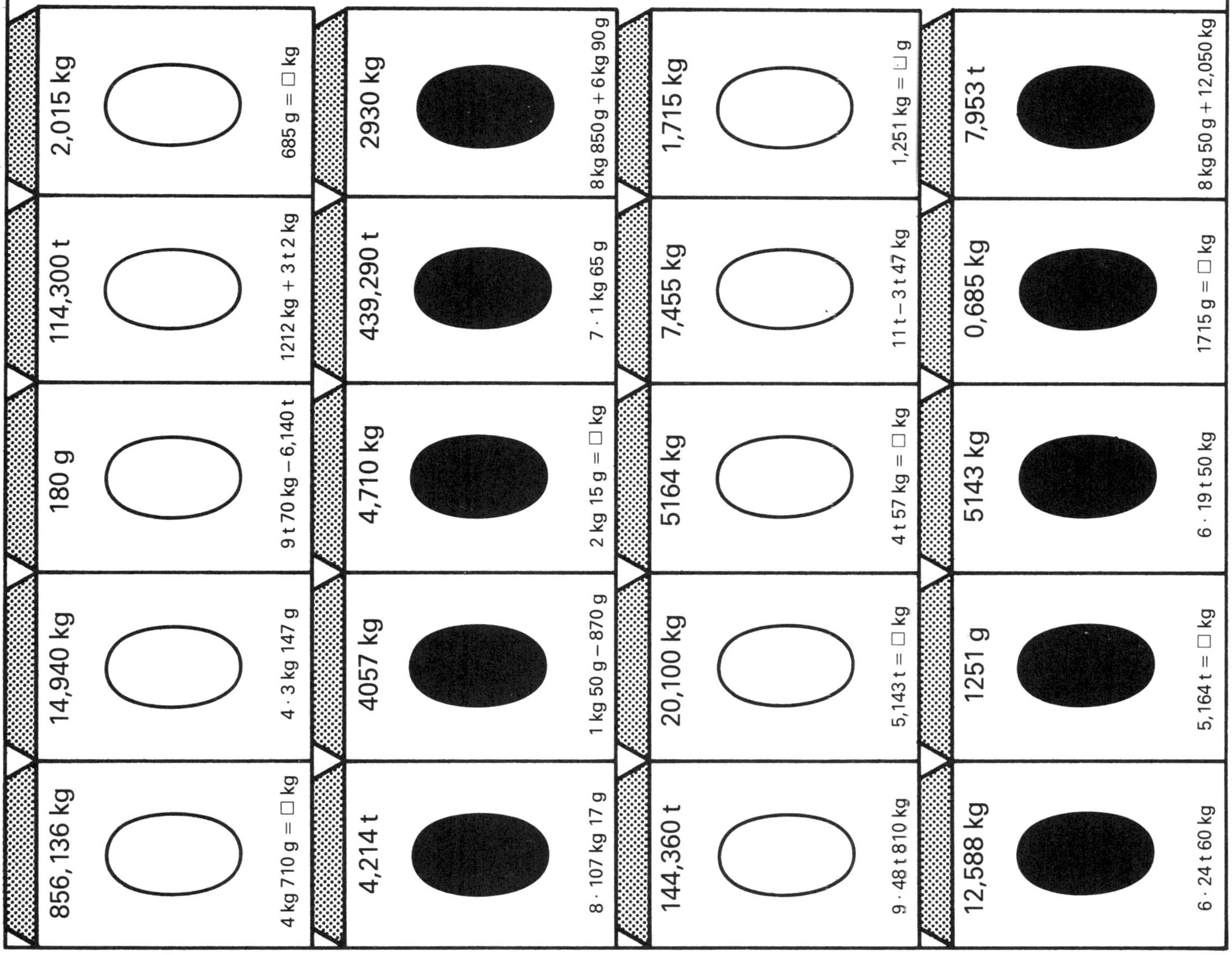

BITTE NICHT ZU WARM!

SCHWARZ

3 · 17,843 km
437 + □ = 628
5029 – 2742
1804 kg = □ t

ROT

7 · 104,14 m
4 cm 7 mm + 18,7 cm
615 g + 738 g = □ kg
6 · 138 kg 87 g
3,874 kg + 4 kg 126 g

GELB

7136 – 4237
8 t – 2,104 t

GRAU

9 · 197,14 m
3 kg 7 g = □ g
18 km – 4,314 km + 5,624 km
3 m 5 cm = □ m
4 t 13 kg + 47 t 8 kg
1 km 15 m – 670 m = □ m
7 · 385
5 · 1945 m = □ km

6 t + 120 kg = □ kg
980 m = □ km
9 t 70 kg – 4 t 885 kg
9696 – 6969
2 · 9 t 380 kg
2 km 45 m = □ m
324 + 93 + 401
18,4 cm – 86 mm = □ mm

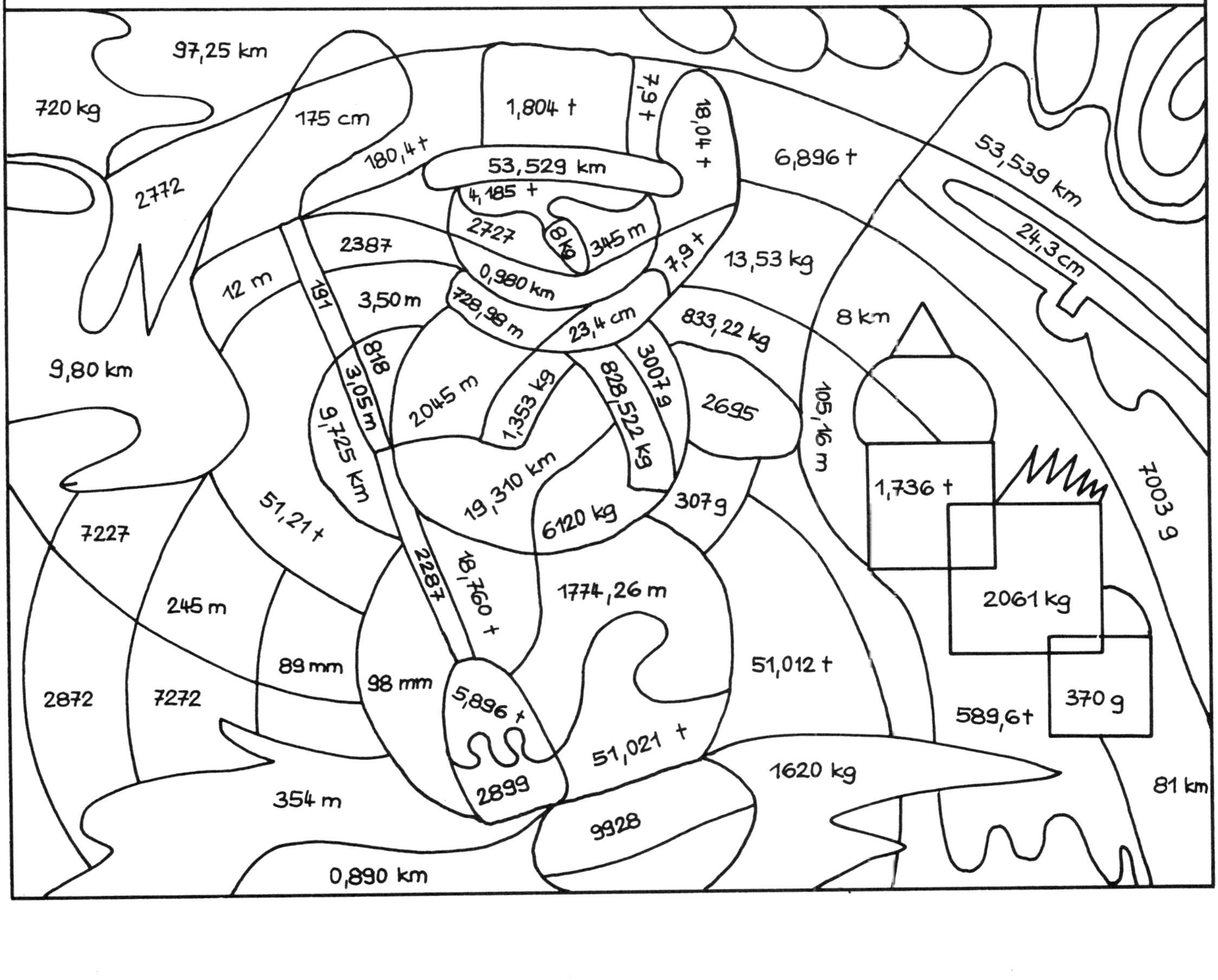

ALLES FÄHRT SKI . . . 24

Wenn du die Rechenaufgaben löst, kannst du erfahren, wo Peter in den letzten Jahren seine Skiferien verbracht hat. Die richtigen Lösungen zeigen dir die Buchstaben, die du in den entsprechenden Farben übermalst. Die Buchstaben gleicher Farbe von oben nach unten gelesen, verraten dir die bekannten Wintersportorte. Wo war Peter in den Ferien?

ROT ____________

696 : 3 = ______
486 : 2 = ______
9636 : 3 = ______
544 : 2 = ______
724 : 4 = ______
546 : 3 = ______
952 : 8 = ______
9877 : 7 = ______
4272 : 3 = ______

GELB ____________

8055 : 5 = ______
852 : 4 = ______
6906 : 6 = ______
8736 : 2 = ______
9612 : 4 = ______
7660 : 4 = ______
924 : 7 = ______

BLAU ____________

9585 : 3 = ______
9288 : 8 = ______
1425 : 3 = ______
6588 : 9 = ______
3480 : 6 = ______

2403	→	Z
232	→	K
132	→	E
182	→	I
243	→	T
580	→	F
213	→	R
119	→	Z
272	→	B
1161	→	L
1411	→	Ü
4368	→	M
732	→	I
475	→	M
1915	→	A
1151	→	T
3212	→	H
1611	→	T
181	→	E
3195	→	S
1424	→	L

KENNST DU DIE VÖGEL?

Kennst du diese Vögel? Du findest ihre Namen heraus, wenn du die Rechenaufgaben richtig löst. Das Resultat findest du unter einem der 16 Flugbilder. Schreibe den Namen des Vogels ins Kästchen, wie das bei einer Aufgabe schon gemacht worden ist.

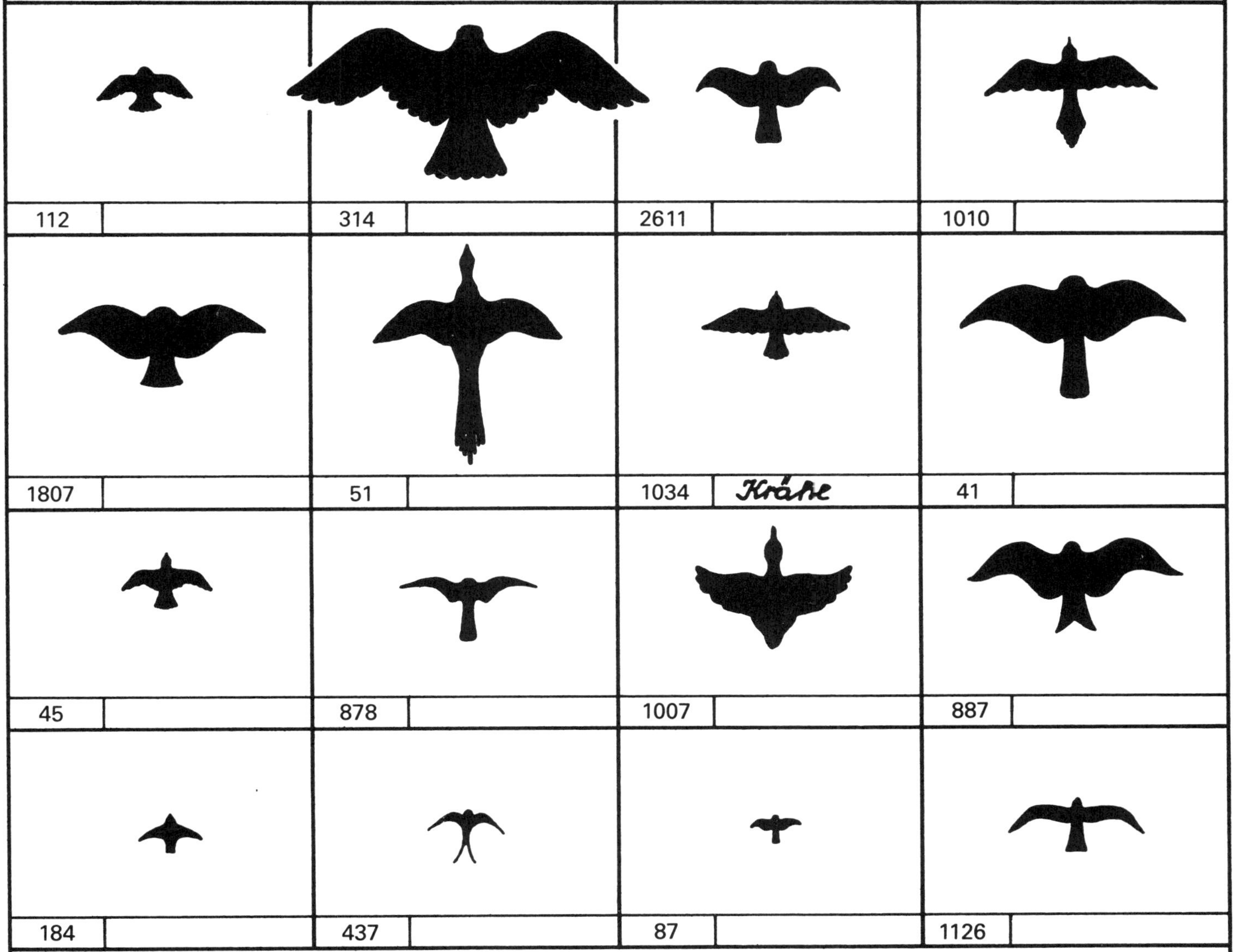

Drossel	672 : 6 = ______	Meise	609 : 7 = ______
Schwalbe	3496 : 8 = ______	Roter Milan	3548 : 4 = ______
Habicht	287 : 7 = ______	Star	405 : 9 = ______
Krähe	4136 : 4 = ______	Mäusebussard	7228 : 4 = ______
Fink	920 : 5 = ______	Sperber	7833 : 3 = ______
Adler	1884 : 6 = ______	Falke	5268 : 6 = ______
Fasan	204 : 4 = ______	Wildente	6042 : 6 = ______
Elster	9090 : 9 = ______	Möwe	9008 : 8 = ______

WAS VERBIRGT DER KREIS?

ÜBERMALE JEDES FELD ROT, IN DEM EINE ZAHL STEHT, DIE BEIM TEILEN DURCH 7 DEN REST 3 ERGIBT.

ÜBERMALE JEDES FELD GRÜN, IN DEM EINE ZAHL STEHT, DIE BEIM TEILEN DURCH 6 DEN REST 5 ERGIBT.

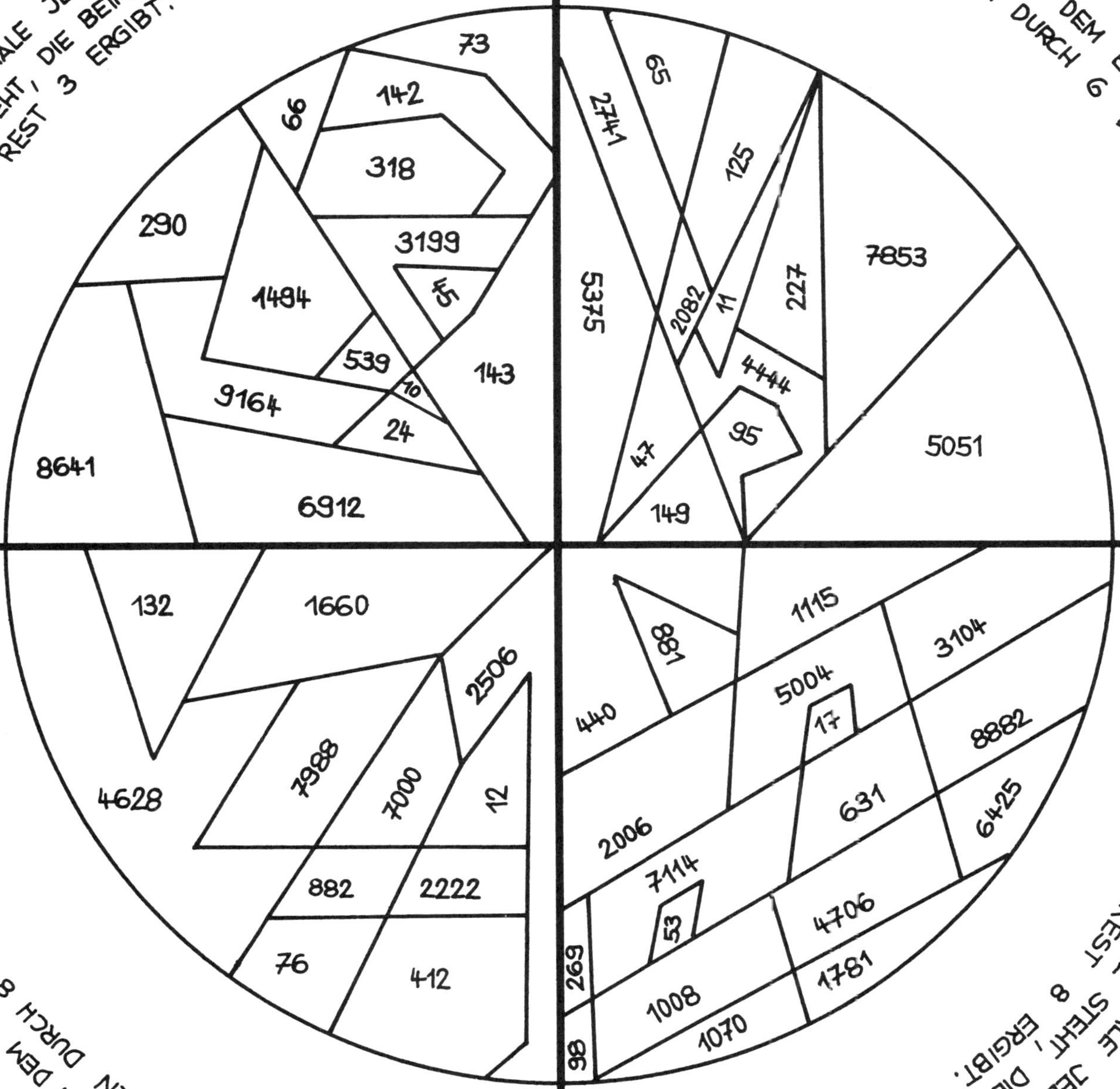

ÜBERMALE JEDES FELD GELB, IN DEM EINE ZAHL STEHT, DIE BEIM TEILEN DURCH 8 DEN REST 4 ERGIBT.

ÜBERMALE JEDES FELD BLAU, IN DEM EINE ZAHL STEHT, DIE BEIM TEILEN DURCH 9 DEN REST 8 ERGIBT.

NUR KEINE ANGST!

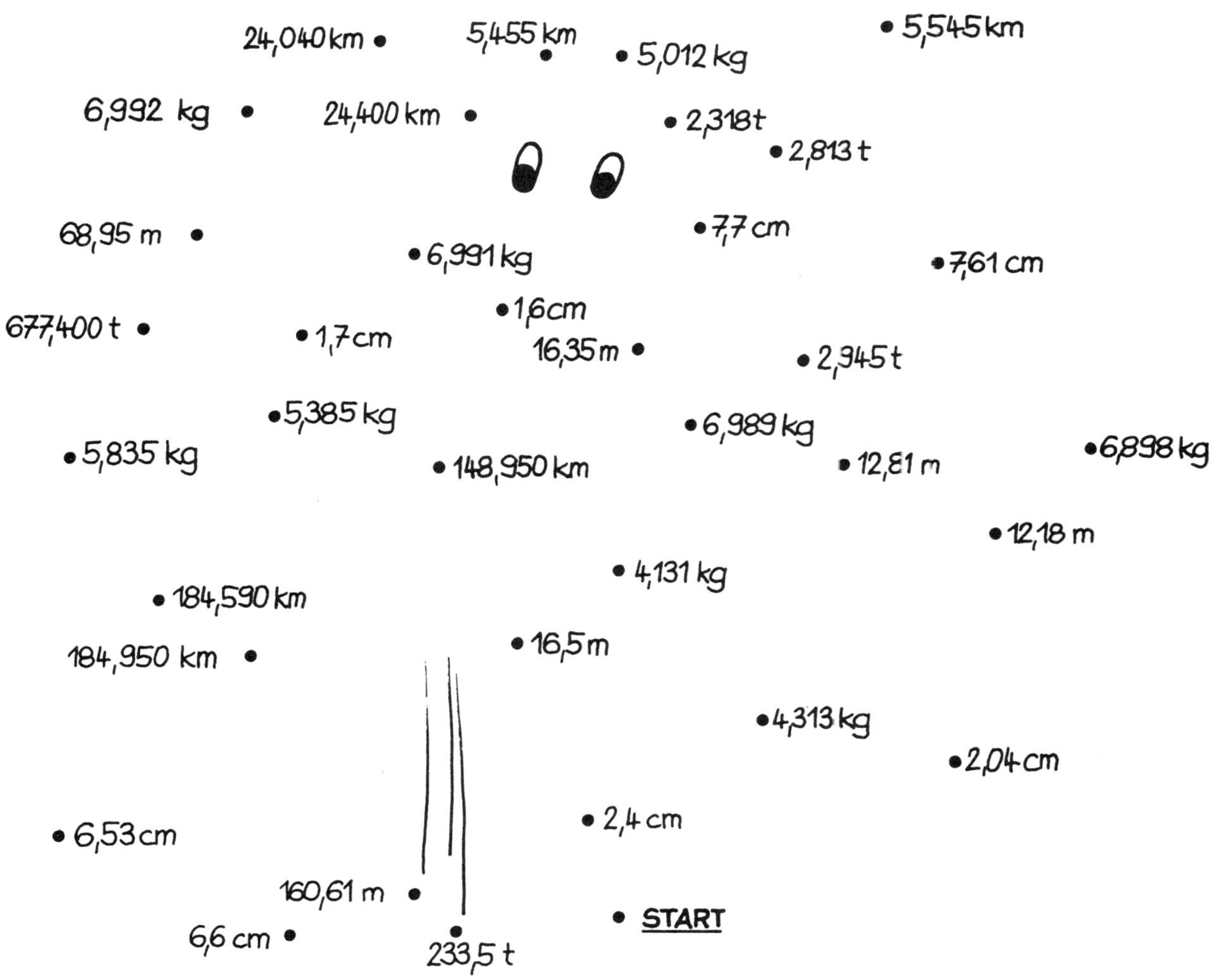

1. 4 cm 8 mm : 2 = __________
2. 16 kg 524 g : 4 = __________
3. 89,67 m : 7 = __________
4. 17 t 670 kg : 6 = __________
5. 48,923 kg : 7 = __________
6. 49 m 5 cm : 3 = __________
7. 38 cm 5 mm : 5 = __________
8. 6,954 t : 3 = __________
9. 20 kg 48 g : 4 = __________
10. 43,640 km : 8 = __________
11. 219 km 600 m : 9 = __________
12. 48 kg 937 g : 7 = __________
13. 13 cm 6 mm : 8 = __________
14. 137 m 90 cm : 2 = __________
15. 3387 t : 5 = __________
16. 43,080 kg : 8 = __________
17. 1109,700 km : 6 = __________
18. 46,2 cm : 7 = __________
19. 803 m 5 cm : 5 = __________
20. 1634,500 t : 7 = __________

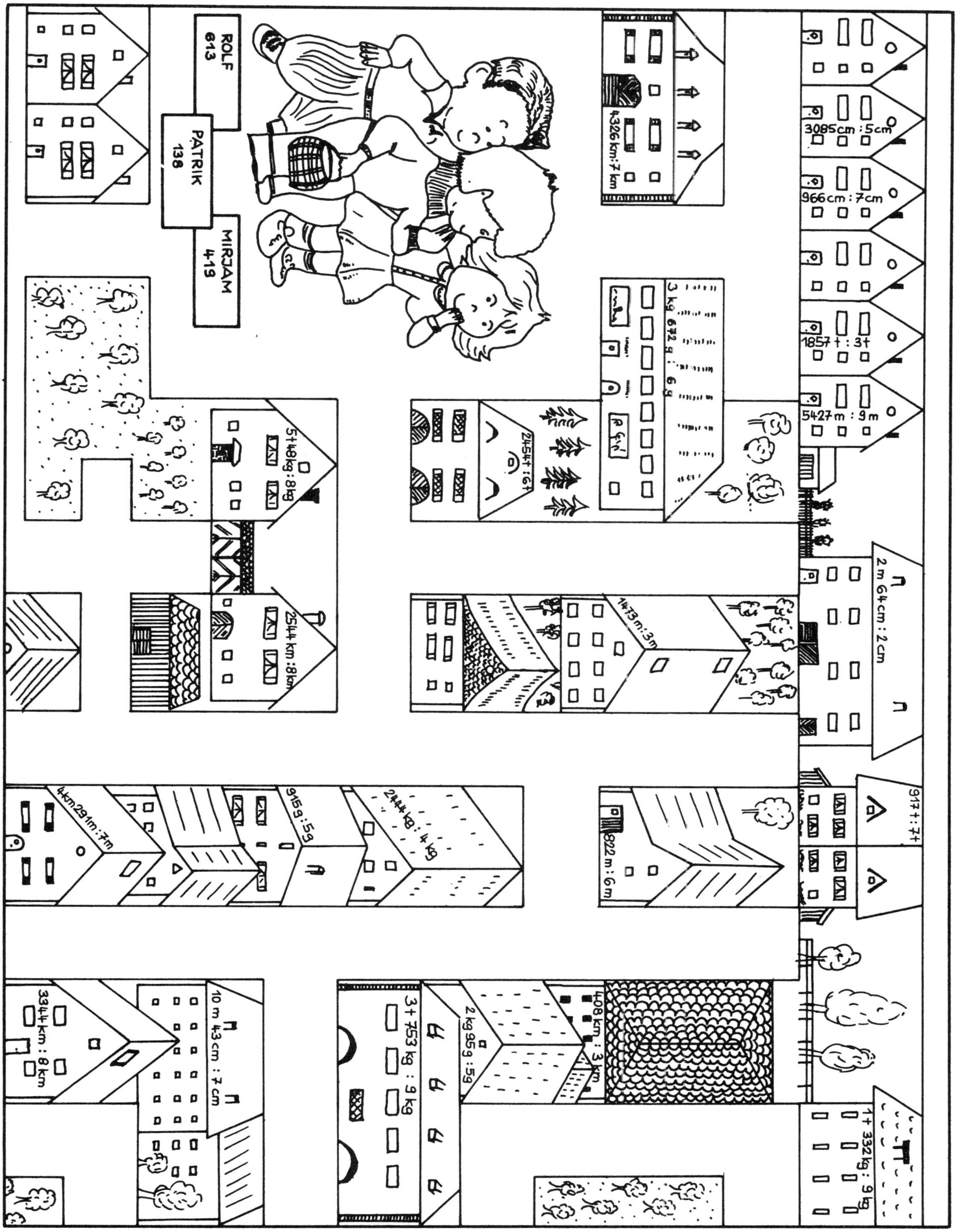
ROLF 613
PATRIK 138
MIRJAM 419
4326 km : 7 km
3085 cm : 5 cm
966 cm : 7 cm
1857 t : 3 t
5427 m : 9 m
3 kg 672 g : 6 g
2454 t : 6 t
5148 kg : 8 kg
2544 km : 8 km
1473 m : 3 m
2 m 64 cm : 2 cm
4 km 291 m : 7 m
915 g : 5 g
2444 kg : 4 kg
822 m : 6 m
917 t : 7 t
3344 km : 8 km
10 m 43 cm : 7 cm
3 t 753 kg : 9 kg
2 kg 95 g : 5 g
408 km : 3 km
1 t 332 kg : 9 kg

1. 1 l = ___ dl
2. 12 l = ___ dl
3. 3 hl = ___ l
4. 8 hl = ___ l
5. 10 hl = ___ l
6. 40 dl = ___ l
7. 170 dl = ___ l
8. 1000 dl = ___ l
9. 300 l = ___ hl
10. 700 l = ___ hl
11. 3 l 4 dl = ___ dl
12. 7 l 8 dl = ___ dl
13. 9 hl 27 l = ___ l
14. 8 hl 7 l = ___ l
15. 4 hl 50 l = ___ hl
16. 11 hl 2 l = ___ hl
17. 48 hl 10 l = ___ hl
18. 37 dl = ___ l
19. 70 dl = ___ l
20. 1071 dl = ___ l
21. 331 l = ___ hl ___ l
22. 2160 l = ___ hl ___ l
23. 1040 l = ___ hl ___ l
24. 10 700 l = ___ hl ___ l
25. 58 dl = ___ l ___ dl
26. 205 dl = ___ l ___ dl
27. 0,01 hl = ___ dl

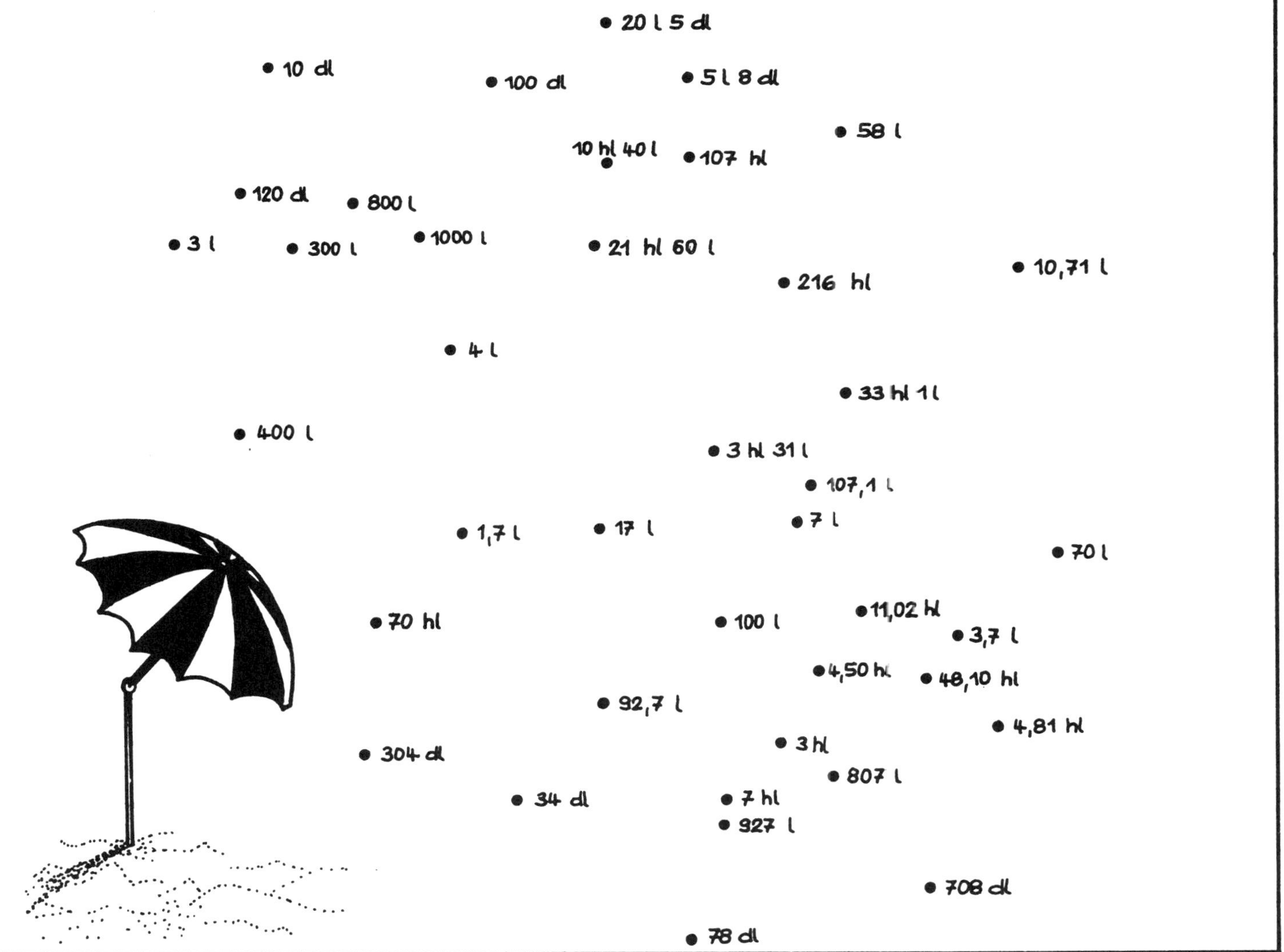

VORSICHT!

Löse alle Rechenaufgaben und suche im unteren Feld die richtigen Resultate! Übermale die Felder mit den richtigen Lösungen schwarz! Nun erkennst du ein Wesen, mit dem du vorsichtig umgehen solltest.

1. 24,24 hl + 52,75 hl = ______
2. 12,7 l + 14,9 l + 34,4 l = ______
3. 2 hl 2 l + 17 hl 29 l + 34 hl 10 l = ______
4. 15 l + 22 l 4 dl + 37 l 6 dl = ______
5. 28,17 hl − 14,36 hl = ______
6. 57 hl 14 l − 39 hl 27 l = ______
7. 45 l 7 dl − 36 l 8 dl = ______
8. 74,3 l − 48,4 l = ______
9. 38 hl 7 l + 42 hl 3 l − 57 hl 37 l = ______
10. 3 · 24,3 l = ______
11. 6 · 28 hl 35 l = ______
12. 7 · 12 l 4 dl = ______
13. 9 · 54,05 hl = ______
14. 24,8 l : 4 = ______
15. 34 hl 8 l : 6 = ______
16. 97 hl 92 l : 9 = ______
17. 18 l 2 dl : 7 dl = ______
18. 45 hl 63 l : 9 l = ______

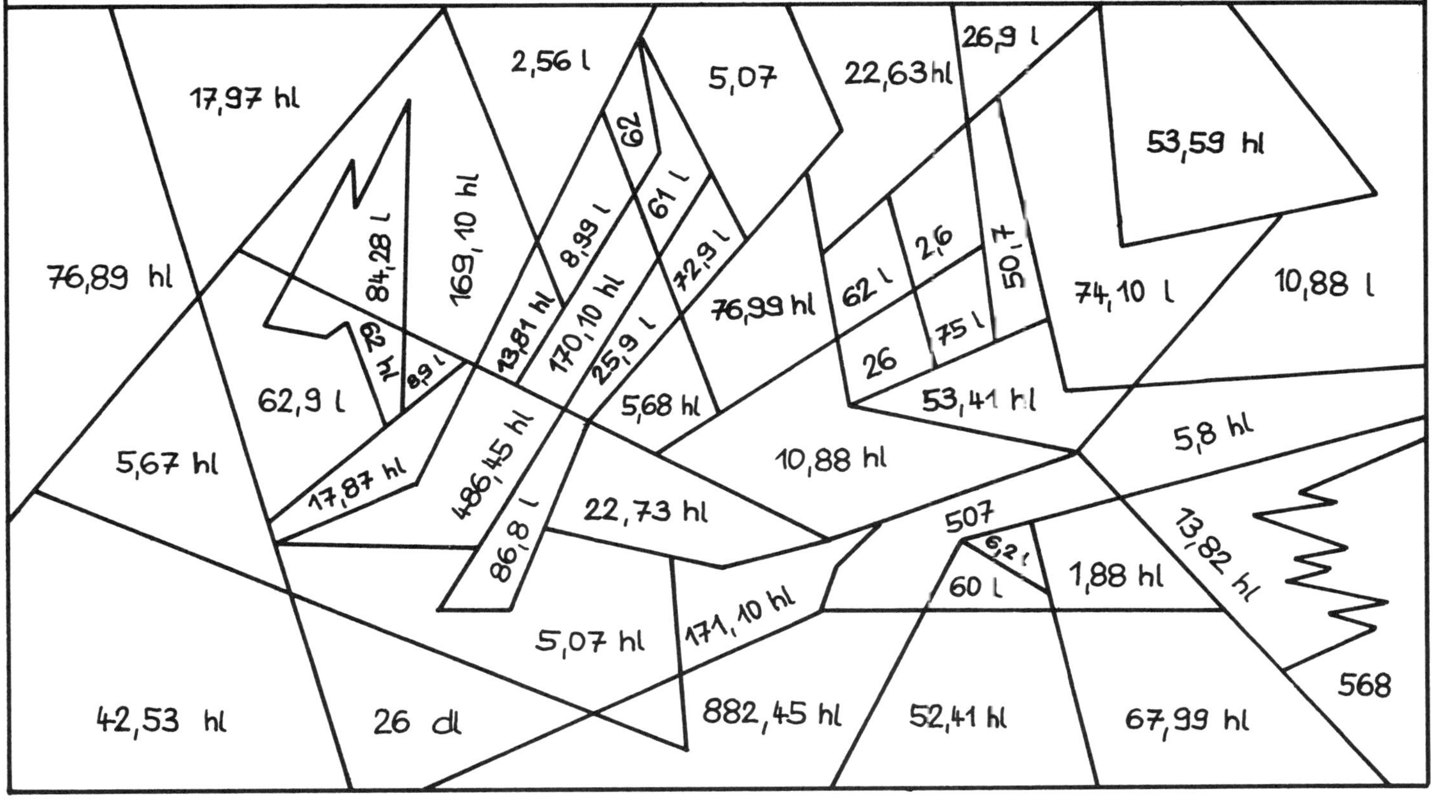

EIN MAGISCHES RECHTECK

Diesem magischen Rechteck kannst du einen Lösungssatz entlocken. Das geht so: Du beginnst mit der Aufgabe L und löst die Rechenaufgaben der Reihe nach. Als Resultat erhältst du 413 l. Jetzt brauchst du das L von der Aufgabenbezeichnung nur noch am richtigen Platz einzutragen, nämlich dort, wo die waagrechte Zeile 413 und die senkrechte Spalte für Liter (l) sich treffen. Du siehst, die erste Aufgabe ist schon gelöst. Jetzt bist du an der Reihe!

L 4,13 hl = □ l

D 240 mm = □ cm

H 3 hl 7 l – 2,83 hl

C 5 · 48 m 20 cm

G 8163 hl : 9

S 14,6 l + 75 l 4 dl

E 3 kg 304 g : 8

H 84 km 76 m + 156,924 km

L 8 · 113,375 kg

T 3 t 8 kg – 1 t 97 kg

T 2 hl 10 l – 99 l

I 1,67 m + 74 cm

E 6 kg 349 g : 7

A 10 · 4 l 6 dl

S 1 t 16 kg – 603 kg

I 2 hl 41 l = □ l

G 4 · 60 hl 25 l

R 14 cm 1 mm + 8 mm + 9,2 cm = □ mm

L 7 · 5900 l = □ hl

T 24,1 l = □ dl

A 206 l 5 dl : 5 = □ dl

U 8 · 300 cm = □ m

S 0,060 t + 47 kg

Ö 6 · 1 t 17 kg = □ kg

	mm	cm	m	km	dl	l	hl	g	kg	t
702										
24										
46										
90										
111										
143										
413						L				
2410										
240										
241										
79										
97										
231										
709										
612										
907										
6102										
107										
1911										

A 180 s = ☐ min
E 420 s = ☐ min
I 12 min = ☐ s
K 17 min = ☐ s

K 3 min 20 s = ☐ s
M 400 s = ☐ min ☐ s
M 600 min = ☐ h
M 739 min = ☐ h ☐ min

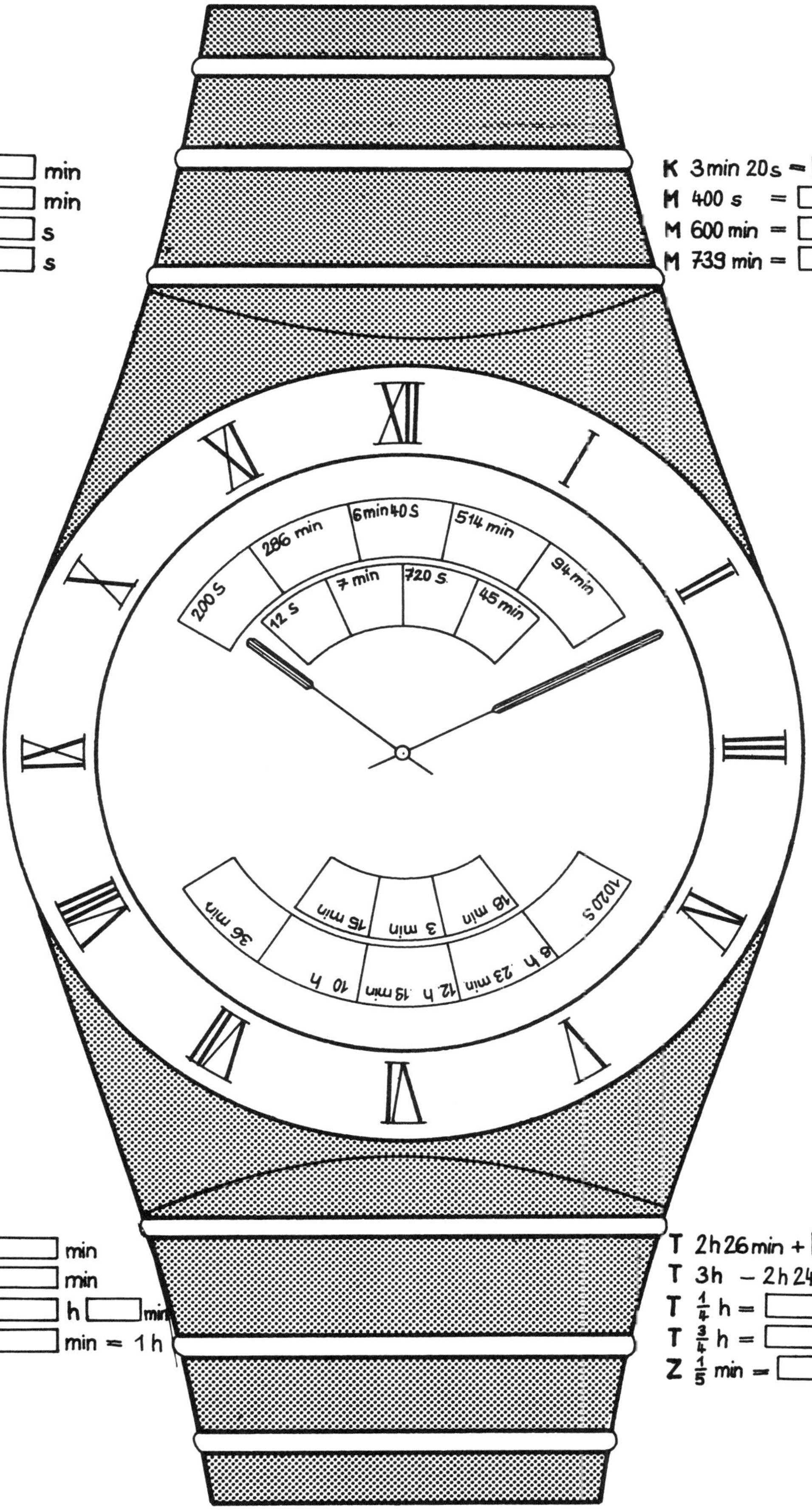

M 8 h 34 min = ☐ min
O 4 h 46 min = ☐ min
O 503 min = ☐ h ☐ min
R 42 min + ☐ min = 1 h

T 2 h 26 min + ☐ min = 4 h
T 3 h − 2 h 24 min = ☐ min
T $\frac{1}{4}$ h = ☐ min
T $\frac{3}{4}$ h = ☐ min
Z $\frac{1}{5}$ min = ☐ s

AUS ALTER ZEIT

8 W. = □ d	3W. 4 d = □ d	3 J. = □ Mt.	4 J. 7 Mt. = □ Mt.	77 d = □ W.
66 d = □ W. □ d	1 J. = □ d	60 Mt. = □ J.	100 Mt. = □ J. □ Mt.	Der Monat März hat □ Tage.
Der Monat September ist der □. Monat des Jahres.	Der 14. April ist der □. Tag des Jahres.	Heute ist der 17. November. Wie viele ganze Tage dauert das Jahr noch?	3 W. 6 d − 8 d = □ d	47 Mt. + 25 Mt. = □ J.
Wie viele Tage hat der kürzeste Monat des Jahres?	Der Monat April ist der □. Monat des Jahres.	Der 1. Mai ist der □. Tag des Jahres.	1 J. − 177 d = □ d	39 d + 108 d = □ W.

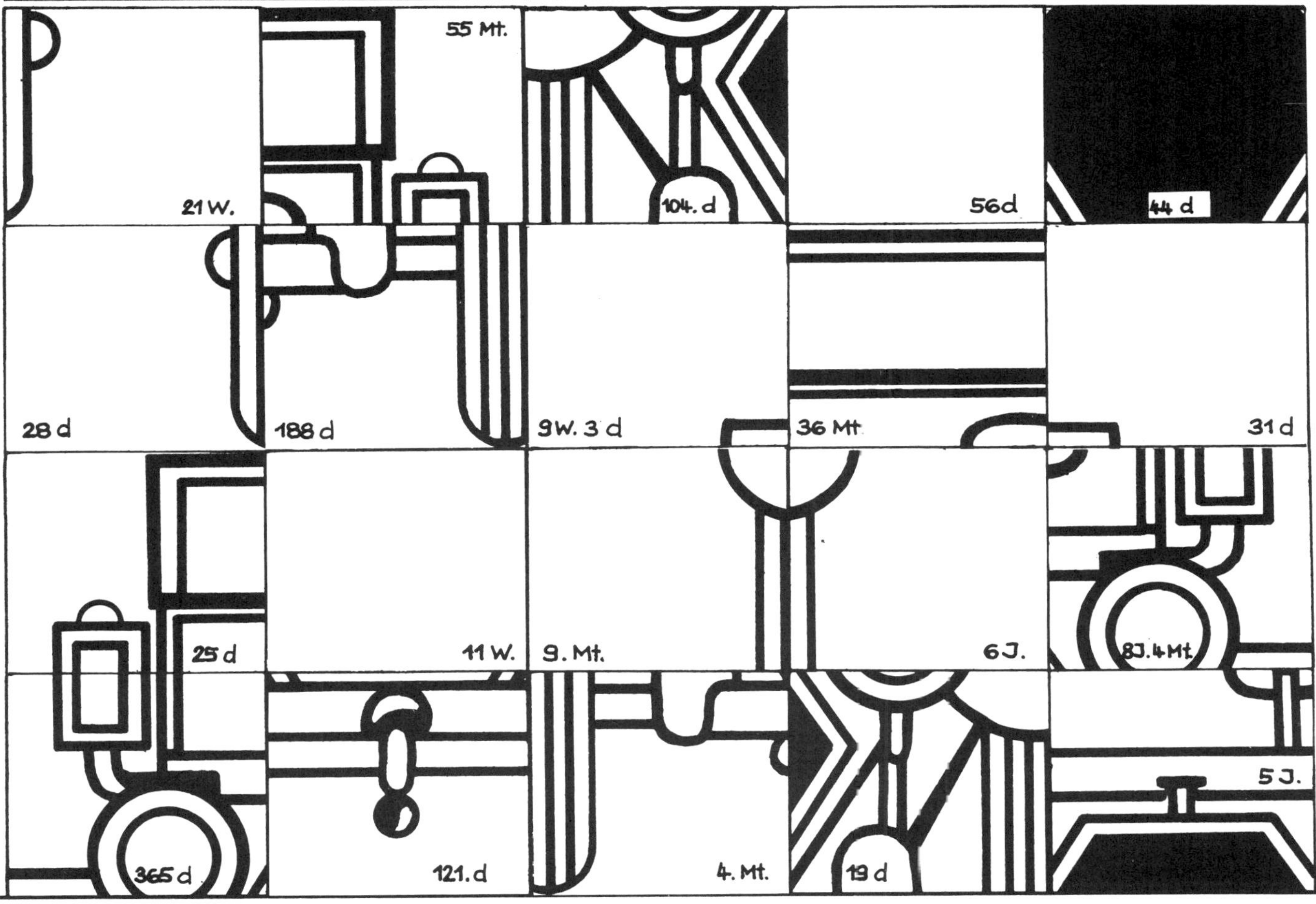

BIST DU SCHWINDELFREI?

JETZT MUSST DU AUFPASSEN, DASS ES DIR NICHT SCHWINDLIG WIRD. DU MUSST BEIM LESEN DER RECHNUNGEN NÄMLICH DAS BLATT FORTLAUFEND DREHEN.

DIE LÖSUNGEN SCHREIBST DU JEWEILS INS FELD, DAS NACH JEDER RECHNUNG FOLGT. ACHTUNG, JETZT GEHT'S LOS, DAS BLATT WIRD BEREITS GEDREHT !

1. WELCHES DATUM SCHREIBEN WIR AM 19. TAG DES 4. MONATS ?
2. WELCHES DATUM SCHREIBEN WIR AM 5. TAG DES 11. MONATS ?
3. WELCHES DATUM SCHREIBEN WIR AM 31. TAG DES 6. MONATS ?
4. WELCHES DATUM SCHREIBEN WIR AM 50. TAG DES JAHRES ?
5. WELCHES DATUM HABEN WIR 3 WOCHEN VOR WEIHNACHTEN ?
6. WELCHES DATUM HABEN WIR 3 WOCHEN UND 2 TAGE NACH WEIHNACHTEN ?
7. WIE VIELE TAGE DAUERT ES VOM 14. MÄRZ BIS ZUM 10. MAI ?
8. WIE VIELE TAGE DAUERT ES VOM 27. AUGUST BIS SILVESTER ?
9. DU GEHST UM 21.15 UHR ZU BETT UND STEHST UM 6.45 UHR AUF. WIE LANGE HAST DU GESCHLAFEN ?
10. AM NACHMITTAG ENDET DIE SCHULE UM 15.50 UHR, AM NÄCHSTEN MORGEN BEGINNT SIE UM 7.40 UHR. WIE LANGE WAR DIE SCHULFREIE ZEIT ?
11. WIE VIELE STUNDEN DAUERT EINE WOCHE ?
12. WELCHE UHRZEIT IST 3 STUNDEN 35 MINUTEN VOR MITTERNACHT ?

UND NUN BIST DU ENDLICH AM ENDE ANGELANGT !

Mitmachen ... gewinnen

große Schlussverlosung

Flugreisen

Hauptpreis bei der Schlussverlosung

Machen Sie mit!

Gewinnen Sie 5 Tage auf dem letzten wahren Luxusliner der Transatlantikstrecke.

Top-Hit

Ja, ich möchte an der Verlosung teilnehmen!

Gewinnen Sie die Luxusreise!

17 Tage Ferien in Ostafrika: Unvergessliche Safarierlebnisse, herrliche Badestrände.

ZIEHUNGSLISTE

AUTO	411
KREUZFAHRT	3220
17 TAGE KENIA	506
VIDEOGERÄT	560
3 FERNSEHER	570
-	~~324~~
-	5210
3 STEREOANLAGEN	990
-	455
-	1505
5 FOTOAPPARATE	2600
-	1210
-	268
-	2050
-	121
5 FRÜCHTEKÖRBE	405
-	31
-	51
-	819
-	1620

DIE GEWINNER

DANIEL	3 · 108	Fernseher
MIRJAM	1150 + 2070	
ROGER	217 : 7	
SANDRA	3642 − 1042	
BRUNO	217 + 343	
MANUELA	1010 − 440	
ANTONIO	2024 : 4	
NADINE	7 · 65	
STEFAN	36 + 51 + 34	
NICOLE	9 · 180	
MARTIN	336 − 68	
KATRIN	459 : 9	
GIUSEPPE	2466 : 6	
PETRA	5 · 242	
MARCEL	3430 + 1780	
RITA	1004 − 185	
SANDRO	2473 − 423	
RAHEL	6 · 165	
OLIVER	134 + 135 + 136	
DANIELA	9030 : 6	

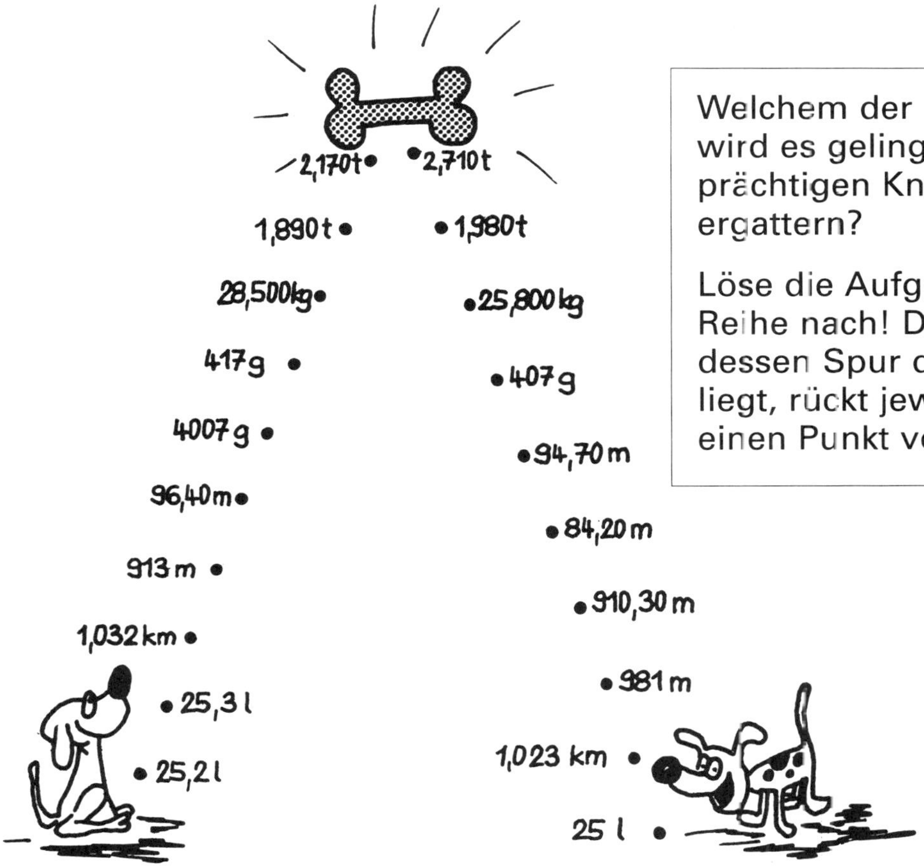

Welchem der beiden Hunde wird es gelingen, diesen prächtigen Knochen zu ergattern?

Löse die Aufgaben der Reihe nach! Der Hund, auf dessen Spur das Resultat liegt, rückt jeweils um einen Punkt vor.

1. 3 · 8 l 4 dl
2. 104 l – 78 l 7 dl
3. 1 hl 2 l – 77 l
4. 4 km 92 m : 4
5. 456 m + 0,576 km
6. 3 · 327 m
7. 10 · 91 m 3 cm
8. 4 km 565 m : 5
9. 6 m 12 cm + 78 m 8 cm
10. 109,30 m – 14,60 m
11. 8 · 12 m 5 cm
12. 4 kg 7 g = ☐ g
13. 9 kg 107 g – 8 kg 700 g
14. 1 kg 251 g : 3
15. 6 · 4,300 kg
16. 17 kg 210 g + 11,290 kg
17. 4 t 60 kg – 2 t 80 kg
18. 8 t 130 kg : 3

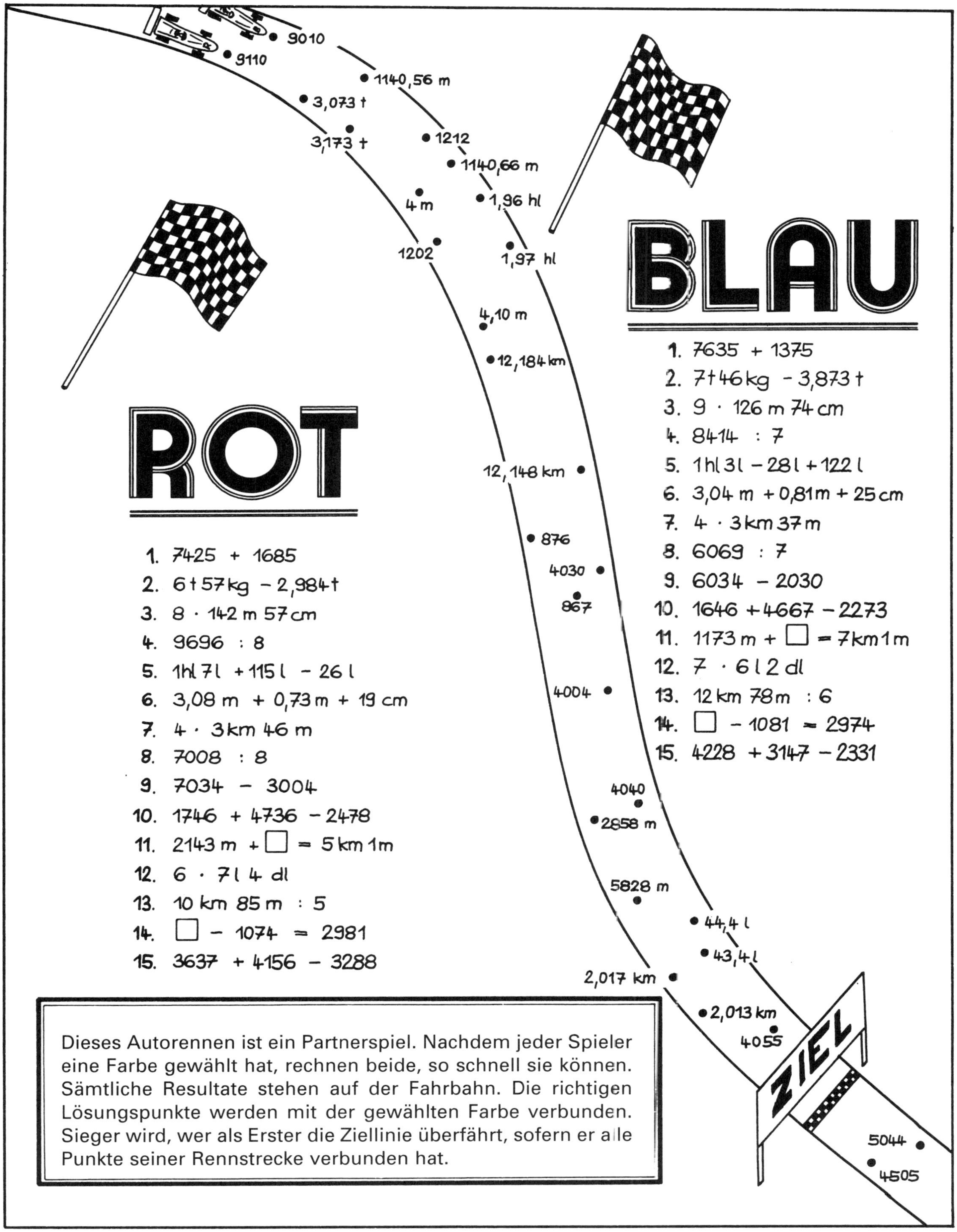

BLAU

1. 7635 + 1375
2. 7 t 46 kg − 3,873 t
3. 9 · 126 m 74 cm
4. 8414 : 7
5. 1 hl 3 l − 28 l + 122 l
6. 3,04 m + 0,81 m + 25 cm
7. 4 · 3 km 37 m
8. 6069 : 7
9. 6034 − 2030
10. 1646 + 4667 − 2273
11. 1173 m + ☐ = 7 km 1 m
12. 7 · 6 l 2 dl
13. 12 km 78 m : 6
14. ☐ − 1081 = 2974
15. 4228 + 3147 − 2331

ROT

1. 7425 + 1685
2. 6 t 57 kg − 2,984 t
3. 8 · 142 m 57 cm
4. 9696 : 8
5. 1 hl 7 l + 115 l − 26 l
6. 3,08 m + 0,73 m + 19 cm
7. 4 · 3 km 46 m
8. 7008 : 8
9. 7034 − 3004
10. 1746 + 4736 − 2478
11. 2143 m + ☐ = 5 km 1 m
12. 6 · 7 l 4 dl
13. 10 km 85 m : 5
14. ☐ − 1074 = 2981
15. 3637 + 4156 − 3288

Dieses Autorennen ist ein Partnerspiel. Nachdem jeder Spieler eine Farbe gewählt hat, rechnen beide, so schnell sie können. Sämtliche Resultate stehen auf der Fahrbahn. Die richtigen Lösungspunkte werden mit der gewählten Farbe verbunden. Sieger wird, wer als Erster die Ziellinie überfährt, sofern er alle Punkte seiner Rennstrecke verbunden hat.

DEINEN TOTOTIPP, BITTE!

Anstatt Fußballtoto kannst du heute Rechentoto spielen. Das geht so: Bei jeder Rechenaufgabe stehen drei verschiedene Lösungen. Mit Schätzen aber ohne auszurechnen kannst du deine Wahl treffen. Glaubst du, die erste Lösung treffe zu, dann schreibe in die hinterste Kolonne eine 1 ... Sobald du alle Tipps aufgeschrieben hast, rechnest du die Aufgaben aus. So findest du die richtige Tippkolonne, die du nun mit deinen Tipps vergleichen kannst. Wie viele Richtige hast du?

Aufgabe	Tip 1	Tip 2	Tip 3	Mein Tip
1. 5346 + 2421	7776	7767	4327	
2. 8 hl 4 l – 6 hl 23 l	1 hl 81 l	14 hl 27 l	2 hl 81 l	
3. 3 km 168 m : 6 m	528	5,28 km	528 m	
4. 7 · 9 cm 5 mm	63,35 cm	76,5 cm	66,5 cm	
5. 3 h – 78 min = □ min	222 min	92 min	102 min	
6. 2104 + 3787 – 2117	3787	3774	8008	
7. 1 Stück kostet 47,– / 7 Stück kosten □,–	329,–	359,–	268,–	
8. 6 t 43 kg = □ kg	643 kg	6043 kg	6430 kg	
9. Die ersten 4 Monate des Jahres haben zusammen □ Tage	91 d	114 d	120 d	
10. 93 l 8 dl : 7	13,4 l	134	1329 dl	
11. 4203 m + □ = 6 km 51 m	2 km 52 m	10,254 km	1,848 km	
12. 100 Tage = □ W. □ d	10 W.	8 W. 6 d	14 W. 2 d	
13. □ hl – 3,81 hl = 5 hl 12 l	11,93 hl	8,93 hl	1,31 hl	
14. 4 · 2 km 47 m	8,188 km	6,318 km	9,88 km	
15. 7 min 7 s + 16 min 57 s	24 min 4 s	23 min 64 s	32 min 4 s	

Anzahl richtige Tipps: □

Die richtige Tippkolonne lautet:

ÄPFEL IM SCHLAFROCK | 39

Im unten stehenden Rezept sind die Sätze durcheinander geraten. Du kannst sie so ordnen: Löse zuerst alle Rechenaufgaben. Schneide dann das Rezept in Streifen und klebe diese in der Reihenfolge der Aufgaben und der Lösungen auf ein Blatt.

Wagst du dich auch ans Backen? Viel Vergnügen!

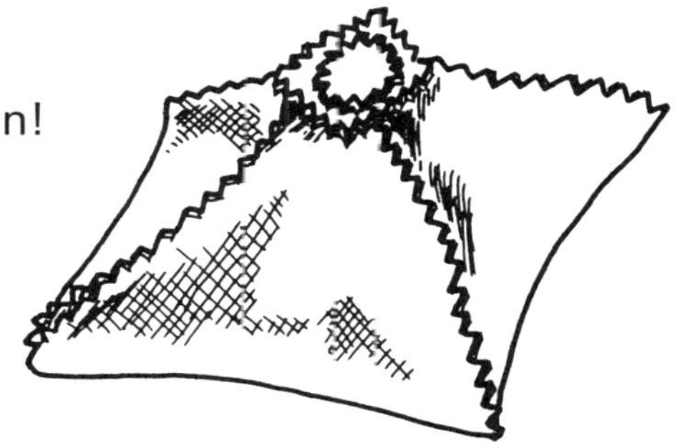

REZEPT

Die Reststreifen in den Kühlschrank legen.	186 h
Die Füllung besteht aus 2 Esslöffeln Rosinen, 2 Esslöffeln gemahlenen Nüssen und Zimt.	51,27 hl
Die Äpfel schälen und die Kerngehäuse ausstechen.	9,110 km
Die Teigränder leicht zusammendrücken.	51,27
Die Masse aus Rosinen, Nüssen und Zimt einfüllen.	9 km 100 m
Als Zutaten für 6 Stück brauchst du 600 g Blätterteig, 6 kleine Äpfel und 1 Ei.	2765
Die Äpfel mit dem Teig so umhüllen, dass du die Ecken des Quadrates auf den Äpfeln zusammendrücken kannst.	168 h
Mit dem Zackenrädchen den Teig in 6 Quadrate schneiden (13 x 13 cm).	5280
Die Teigränder mit Ei bestreichen.	141,77 m
Das Ganze mit Ei bestreichen und im vorgeheizten Ofen bei 200° C etwa 30 Minuten backen.	53 hl 7 l
Den Teig auf Backpapier legen und auswallen.	140,71 m
Aus den restlichen Teigstreifen eine Garnitur formen und oben mit etwas Ei befestigen.	5820
In die Mitte der Quadrate je einen Apfel setzen.	2675
Mmh!	

In dieser Reihenfolge klebst du die Streifen auf ein Blatt Papier.

1. 3701 – □ = 936
2. 3 · 17 hl 9 l
3. 703,55 m : 5
4. 5 · 1056
5. 9 d – 30 h = □ h
6. 4 km 46 m + 5 km 64 m
7. 91 km : 10
8. □ + 6197 = 8872
9. 567 m 8 cm : 4
10. 1 W. = □ h
11. 307,62 hl : 6 hl
12. 4193 – 2764 + 4391
13. □ : 3 = 17,69 hl

START

- 56 + 23
- 273 : 3
- 5 · 1020
- 1 m 4 cm : 4
- 4 km = □ m
- 3 Felder zurück!
- ¼ h = □ min
- 1 x mit Würfeln aussetzen!
- 371 − 191
- Das Schaltjahr hat □ Tage.
- Sage die 7er-Reihe bis 70 auf!
- 1 hl 4 l + 47 l = □ l
- 754 mm = □ m
- Du darfst nochmals würfeln
- 2167 + 843
- 136 + 57 − 36
- Rolf sägt von einer 2,10 m langen Latte drei 65 cm lange Stücke ab. Wie groß ist der Rest?
- 4 hl 7 l = □ l
- 147, 135, 123, 111, □
- Am nächsten Dienstag ist der 1. Oktober; also ist heute Freitag der ▭.
- 80 Mt. = □ J. □ Mt.
- Wie heißt die größte zweistellige Zahl der Achterreihe?
- 57, 62, 67, □, 77, 82
- 2 Felder vorrücken!
- 4074 − 1870
- 872 mm = □ cm
- 34 cm = □ mm
- 4 · 8 t 55 kg
- 4 l 9 dl : 7 dl
- 3 h : 4 = □ min
- Wie viele Tage liegen zwischen dem 27. Mai und dem 11. Juni?
- 10 · 3 m 4 cm
- Du darfst nochmals Würfeln, musst aber die gewürfelte Zahl zurückfahren.
- 1 Feld vorrücken!
- 2,084 km : 4
- Welche Zahlen zwischen 40 und 50 sind durch 3 teilbar?
- 1 x mit Würfeln aussetzen!
- 27 W. = □ d
- 2028 m − 1,987 km
- 4 Felder zurück!

ZIEL